독박 육아 워킹맘의 생존 재테크

독박 육아 워킹맘의 생존 재테크

초 판 1쇄   2020년 06월 25일

지은이 권마담, 윤정완
펴낸이 류종렬

펴낸곳 미다스북스
총괄실장 명상완
책임편집 이다경
책임진행 박새연 김가영 신은서
본문교정 최은혜 강윤희 정은희 정필례

등록 2001년 3월 21일 제2001-000040호
주소 서울시 마포구 양화로 133 서교타워 711호
전화 02) 322-7802~3
팩스 02) 6007-1845
블로그 http://blog.naver.com/midasbooks
전자주소 midasbooks@hanmail.net
페이스북 https://www.facebook.com/midasbooks425

© 권마담, 윤정완, 미다스북스 2020, *Printed in Korea.*

ISBN 978-89-6637-816-6 03320

값 15,000원

미다스북스는 다음세대에게 필요한 지혜와 교양을 생각합니다.

워킹맘의,
워킹맘에 의한,
워킹맘에 대한
똑똑하고 위대한
재테크 노하우!

권마담 · 윤정완 지음

독박 육아
워킹맘의
생존 재테크

미다스북스

바쁜 **워킹맘**도
재테크는 **필수**이다

우리는 보통 행복하려고 결혼을 한다. 그리고 인간으로 태어나 자식을 낳아 사람답게 키우고, 흙으로 돌아가는 것이 인생의 가장 큰 사명이라고 생각한다. 그런데 소박하다고 생각한 인생 계획들이 '주말부부 독박육아 워킹맘'이 되어버렸을 때는 일상의 한계에 부딪히며 감당하기가 점점 버거워진다.

우리나라는 사회에서 나이 별로 반드시 해야 한다고 통용되는 발달 과업들이 있다.

10대에는 자아 정체성 확립 및 대학 입시, 20대에는 취업 및 배우자 탐색, 30~40대에는 직업의 안정, 결혼 및 내 집 마련, 중·장년기는 성격 및 경제적 안정, 육아 및 아이 교육, 노년기에는 건강관리 및 역할 변화에 대한 적응 등이다. 어릴 적에는 이런 발달 과업을 나이에 맞게 누구나 수행해야 하고, 할 수 있는 것으로 안다. 그러나 점점 나이가 들어가면서 사회에서 원하는 대로 착착 수행하는 사람은 극히 드물다는 것을 깨닫게 된다.

안정된 직장에 들어가고 대학원까지 졸업하고 워킹맘으로 열심히 살 아가면 나름 성공한 인생이라고 자부할 수 있다. 그러나 사회의 공식대 로 모범적으로 살고 있다고 하더라도 문득 성실한 직장 생활만으로는 노 후가 보장되지 않는다는 사실을 알게 되는 날이 온다.

우리가 직장을 다니며 월급을 받는 날들은 30살에 입사하고 50살에 퇴 사한다고 가정한다면, 고작 20년 정도일 뿐이다. 그런데 지금은 백세시 대라고 한다. 소득이 보장되지 않은 수명 연장이 과연 축복일까?

애플의 스티브 잡스가 있다. 그는 입양, 마약 복용, 대학교 자퇴 등 순 탄치 않은 유년기를 보내고, 19살 때 인도 순례 여행을 떠났다. 7개월 동 안, 인도의 전통 의상 룽기를 걸치고 맨발로 방황을 하던 스티브 잡스는 얼떨결에 힌두교 사제에게 히말라야 산꼭대기에서 머리를 밀렸다. 가는 곳마다 가난과 비위생적인 환경에 힘들어했고, 숙소 하나 구하지 못해 길바닥에서 잠을 자야 했다. 그는 비참한 생활 속에 수도하는 수행자들을 보며 돈, 물질이 부족한 삶에서는 사람들에게 희망을 줄 수 없음을 깨닫고, 현실적인 삶을 살며 세상에 기여하기로 결심한다. 그가 애플을 통해 세상에 보여준 남다른 통찰력과 창조적 아이디어의 열쇠는 인도 여행에서 얻은 것이라 한다.

이렇듯, 사람에게는 물질적 가치와 정신적 가치가 모두 중요하다. 돈이란 우리 몸의 혈액순환과 같다. "가난이 싸움을 붙인다."라는 말처럼 돈이 부족하면서 삶이 행복하기는 힘들다. 돈이란 늘 우리 곁에서 마치 공기처럼 공존하고 있기 때문이다.

그래서 독박 육아 워킹맘임에도 안정된 노후와 풍요로운 삶을 위해 재테크를 공부해야 한다.

이 책의 1장은 재테크 공부의 필요성에 대해서 다뤘다. 맞벌이인데 금세 사라지는 월급, 열심히 살아도 돈이 모이지 않는 이유 등 현실적인 고민에 관해 썼다. 2장은 슈퍼우먼보다 현명한 워킹맘이 되자는 내용이다. 워킹맘으로서 실제 경험과 깨달음을 사례 중심으로 흥미진진하게 다뤘다. 독박 육아 워킹맘들은 공감할 것으로 생각한다. 3장은 독박 육아 워킹맘의 8가지 재테크 습관에 관한 내용이다. 재테크 노하우보다 중요한 재테크 습관에 대해 자세히 적었다. 4장은 누구나 쉽게 할 수 있는 부수입 창출 비법이다. 워킹맘으로서 조금이라도 부수입을 창출하고자 노력하는 사례가 도움이 되었으면 한다. 5장에서는 아끼면 작은 부자는 누구나 될 수 있다는 주제이다. 그러나 더 큰 부자로 나아가려면 부의 사고방식을 가져야 한다는 내용이다.

『탈무드』에는

"몸의 병은 마음에서 오고, 마음의 병은 돈으로부터 온다."
"사람을 해치는 세 가지 원인이 있다. 그것은 근심, 말다툼, 빈 지갑이다. 이 가운데에서 몸은 마음에 의존하고 마음은 지갑에 의존한다."라는 말이 있다.

우리는 단 하루도 돈 없이 살 수 없다. 당장 사는 집, 옷, 음식 모든 것이 다 돈과 연관이 있다. 심지어 죽을 때조차 돈이 많이 필요하다. 돈은 늘 우리 곁에 마치 공기처럼 공존하고 있다. 그래서 바쁜 독박 육아 워킹맘도 직장에만 의존하지 말고 시간을 쪼개어 우리의 생존을 위해 돈 공부를 해야 한다.

이 책은 윤정완 작가의『0원으로 시작하는 짠순이 재테크 습관』에 이어 시계추처럼 열심히만 살지 말고, 재테크 공부를 통해 안정된 삶과 풍요로운 삶을 누리자는 내용을 말하고 있다.

〈한국책쓰기1인창업코칭협회〉의 책 쓰기를 통해 작가의 인생을 살게 해주신 김태광 대표님께 진심으로 감사드린다. 사랑하는 가족에게도 감사한다. 언제나 자식들을 사랑하고 자랑스러워하시던, 부모님에게도 보여드리고 싶다.

끝으로 이 책을 세상에 내놓을 수 있게 해준 미다스북스 관계자 여러분에게 감사드린다.

목차

2장 슈퍼우먼보다 현명한 워킹맘이 되자

3장 독박 육아 워킹맘의 8가지 재테크 습관

목차

4장 누구나 쉽게 할 수 있는 부수입 창출 비법

5장 아끼면 진짜 된다, 작은 부자

1장

삶이 억울해서 시작한
재테크 공부

열심히 살아도
돈이 모이지 않는 이유

토끼와 거북이가 살고 있었다. 어느 날 심술쟁이 토끼가 느린 거북이에게 달리기 시합 신청을 했다. 거북이는 이 제안을 받아들였다. 달리기 시합이 시작되었고, 당연히 토끼는 엄청난 빠르기로 앞서나갔다. "토끼를 이기고 말 테다!" 거북이는 포기하지 않고 엉금엉금 도착 지점을 향해 기어갔다. 토끼는 도착 지점을 얼마 남기지 않고 뒤를 돌아보았다.

"거북이는 보이지도 않네. 좀 쉬다 가야지."

자신이 한숨 자고 일어나도 거북이를 충분히 이길 수 있다고 생각한 토끼는 나무 옆에 누워 잠을 청했다. 토끼가 자는 동안 거북이는 쉬지 않고 열심히 기어서 도착 지점에 먼저 도착했다.

이 우화를 읽고, 대부분의 사람들은 교만한 토끼를 교훈으로 삼는다. 그러나 누가 보아도 토끼가 이길 게 뻔한 게임이지만, 거북이가 승리한 이유는 토끼의 교만함 때문만은 아니다. 거북이는 "나는 절대로 토끼를 이길 수 없을 거야."라는 체념을 하지 않았다. 그 때문에 애초에 시합에도 응한 것이다. 거북이의 승리는 바로 거북이의 긍정적인 마인드와 실행력이 만들어낸 성과이다.

한동안 금수저, 은수저 등 수저계급론 열풍이 불었다. 이 이론은 "은수저를 물고 태어나다(Born with a silver spoon in one's mouth)."라는 유명한 영문 관용구로부터 유래되었다. 이는 "부유한 환경에서 태어나다.", "행운을 쥐고 태어나다."라는 뜻이다. 과거 유럽의 귀족들은 은그릇을 자주 사용했고, 보모들이 은수저를 이용해 아이들에게 밥을 먹이는 등의 행동으로 집안의 재산을 알 수 있었다. 우리나라에서는 개인의 노력보다는 부모로부터 물려받은 부에 따라 인간의 계급이 나뉜다는 자조적인 표현으로 쓰인다. 'N포 세대, 헬조선, 수저계급론, 이생망' 등 신조어가 증가하는 것은 지금 현재 젊은 층이 느끼는 사회적, 경제적 불안감이 그만큼 커졌다는 말이다.

우리가 하는 생각과 말에는 에너지가 담겨 있다. 어떤 생각과 말을 하게 되면 우주는 우리의 소망을 실현하기 위해 분주하게 움직이기 시작한다. 우주는 넘치는 에너지를 증폭시키는 장소이며, 그 에너지를 눈앞에 형태로 만들어낸다. 우주는 사사로운 정이나 정상 참작 등은 개입시키지 않고, 오직 그 사람이 하는 말과 생각을 증폭시키는 장소이다.

"나는 맨날 돈이 없어."
"나는 원래 운이 나빠."
"이번 생은 망했어."

가난한 현실보다는 가난한 생각, 즉 자신은 가난하고 앞으로도 그럴 거라는 부정적인 생각이야말로 인생을 좀먹는 독이다. 마음은 자석과 같다. 성질이 비슷한 것을 강한 힘으로 끌어당긴다. 당신의 마음이 공포와 가난으로 가득하다면 아무리 노력해도 가난만을 불러들인다. 인간은 바라보는 방향으로 걷는다. 가난을 고민하고 가난을 대비하면 더 큰 가난이 기다리는 악순환이 펼쳐진다.

가난은 마음의 병이다. 가난은 유전이 아니다. 가난은 치유가 가능한 질병이다. 단, 치료의 의지가 없으면 평생 앓게 되는 불치병이다. "부모님이 가난하다고 나도 가난해야 해? 나도 부자가 될 수 있어."라고 생각을 바꾸자. 자꾸 웃는 습관을 들이고 긍정적인 마음으로 살아가면 생기가 돌면서 행운이 찾아온다. 목표가 있다면 먼저 그 목표를 향해 얼굴을 돌리고 활짝 웃어야 한다. 비옥한 땅에서 자란 나무에 열매가 열리듯 여유로운 마음 밭에 풍요로운 현실이 찾아온다.

성공해서 부를 얻고자 한다면 성공에 대해 생각하고, 행동하고, 말하라. 그리고 부에 대해 사고하고, 행동하고 말해야 한다. 부자의 사고가 부를 끌어당긴다. 가난이라는 상황에 끌려다니면 안 된다. 나는 내 인생의 창조자, 주인이다.

당신도 하고 싶고, 갖고 싶고, 이루고 싶은 것이 있나요?
지금이라도 하고 싶은 것이 있다면 하세요.
지금이라도 갖고 싶은 것이 있다면 가지세요.
지금이라도 이루고 싶은 것이 있다면 이루세요.

모든 사람은 태어날 때 무엇이든 할 수 있는 최고의 능력을 갖추고 태어난다. 신은 결코 우리를 창조할 때 실패자로 만들지 않았다.

그런데 왜 세상에는 원하는 것을 하는 성공자들보다 그렇지 못한 실패자들이 더 많은 것일까? 나는 그 이유가 스스로의 믿음이 부족한 탓이라고 생각한다. 우리의 힘으로 간단히 해결되는 문제를 다른 사람에게서 찾기 때문이다.

사람은 자신의 마인드 크기만큼 성공한다. 그리고 백 번 듣는 자보다 한 번 실천하는 자가 되어야 한다. 성공자의 조언을 그저 듣기만 한다면 삶은 달라지지 않는다. 안타까운 것은 극소수의 사람들만이 그것을 받아들이고 실천한다는 것이다. 나약한 사람들이 흔히 보이는 말은 "~니까 무리야.", "~는 힘들어."라고 변명만 하면서 행동하지 않는다는 것이다.

나 권동희, 권마담은 흙수저 집안에서 태어나 그 누구보다도 힘든 삶을 살았다. 그 흔한 대학 졸업장도 없다. 대부분의 사람들은 자신보다 우월한 사람들을 보면 그동안 그가 걸어왔던 인생 역정은 무시한 채 그저 '운이 좋은 탓'이라고 치부한다. 그렇게라도 그들의 힘겹고 치열했던 과거를 무시해야만 자신에게 위로가 되기 때문이다.

서른 살에 첫 책 『당신은 드림워커입니까』를 출간하고 드림자기계발연구소 소장, 위닝북스 출판사의 대표가 되어 동기 부여 강의 및 방송을 하는 나 역시 많은 사람들로부터 비슷한 말을 들었다.

"젊은 나이에 사업이라, 운이 좋으신가 봅니다."
"책 쓰는 실력을 타고났나 봐요."

이런 말을 들으면 나도 모르게 기분이 언짢아진다. 지금의 내가 되기 위해 쏟아야 했던 땀과 노력, 눈물 그리고 수 없는 시련과 역경 앞에서 좌절하고 방황하며 힘들어했던 날들이 아무것도 아닌 것처럼 여겨지기 때문이다. 그러나 이제 그런 무성의한 말에 상처받지 않는다. 이런 부류들은 대부분 성장하기보다 그 자리에 머물러 있는 사람들이기 때문이다.

열심히 살아도 돈이 모이지 않는 이유를 알고 싶은가? 어둠에서 헤어 나오길 바라면서도 잘못된 프레임에 갇혀서 길을 잃어버린 사람이 너무 많다. 바로 성공자의 마인드와 실천력이 없기 때문이다. 자신이 보고 있고, 자신이 아는 맥락 속에서만 돈을 바라보면 늘 한계에 부딪힌다. 돈에 대한 부정적인 프레임을 벗어던지자. 부자는 '부자의 사고방식'이 있고, 가난한 사람은 '가난한 사고방식'이 있다. 부를 원한다면 부에 집중해야 한다. 나도 부자가 될 수 있다고 믿고 부자의 행동 습관을 따라 하자.

2

운명의 룰을 바꾸려면
돈 공부를 하라

지금 우리 집은 20년이 넘은 오래된 아파트이다. 처음 이사 오면서 2~3년 정도만 살 계획이어서 장판, 신발장, 전등은 교체하지 않았다. 싱크대와 화장실은 새로 하고, 벽지 교체와 베란다 페인트칠까지만 새로 했다. 그런데 생각보다 이 집에 좀 더 살게 되면서 처음부터 이것저것 다 새로 바꿨으면 좋았을 텐데 후회가 되었다. 그러던 어느 날, 아들의 학습지 선생님이 방문 수업을 하러 왔다.

"어머님! 거실 등을 좀 바꾸셔야겠어요. 너무 어두워요!"

며칠 전부터 거실 천장 등 중 형광등 하나가 나가 있었다. 주말에 온 남편이 형광등을 갈아주었다. 그런데도 별로 밝지가 않았다. 남편이 말했다. "너무 오래된 집이라 등 전력이 약한가 봐."

그런 줄 알고 지내다가 아무리 봐도 어두웠다. 안 되겠다 싶어서 LED 등으로 교체하는 것을 알아보았다. LED 등은 밝고, 전력 소모가 적어서 전기세가 별로 안 나오는 등 장점이 많은 등이다. 진작에 교체하려고 생각 중이었는데, 어차피 이사 갈 집에 돈 들일 필요가 없다고 생각해서 미루다가 시간만 낭비한 것이다. 가격도 생각보다 저렴했다. 안방, 주방 모두 다 바꿀까 말까, 몇 날을 고민하다가 거실 등만 샀다. 이사 갈 예정이고 주로 거실에서만 생활하니 거실 등만 하기로 했다. 드디어 거실을 LED 등으로 교체한 날, 집 전체가 환해져서 깜짝 놀랐다. 어찌나 밝은지 나는 신문물의 혜택을 느꼈다.

"진작에 바꿀 것을…. 이래서 모두 LED로 바꾸는 거였구나…."

그러고 보니 학습지 선생님의 집은 LED 등인 것 같았다. 그간 그 선생님이 보기에 우리 집 환경이 어둡고 원시적이었겠다 싶어서 창피했다. LED 등의 밝기를 모르는 나는 낡은 형광등 아래에서 불편한 생활을 했다. 나는 왜 이제야 거실 등을 교체한 걸까?

첫째, 이사 나갈 집에 돈 들일 필요가 없다고 생각했다.

둘째, LED 등이 비쌀 것이라는 편견이 있었다.

셋째, 바빠서 알아볼 시간도 없었고, 날 잡아 교체할 엄두도 내기 어려웠다.

많은 사람들은 내가 LED 등의 혜택을 누리지 못한 것과 마찬가지로 낡은 사고방식과 실행력의 부재로 현재의 불편한 생활을 답습하며 살아간다.

어떤 사람은 수입이 나쁘지 않은데도 월세로만 사는 사람이 있다. 예전에는 대출이자가 저렴하다 해도 대출을 받지 않았다. 빚은 모두 나쁜 것이라며 대출은 무조건 위험하다고 믿는 사람이 많았다. 그러나 이제는 월세보다 전세 자금 대출을 받아서 대출이자를 내는 것이 더 싸다는 것을 많이 알게 되었다. 역시 사람은 살아온 환경이 중요하다. 월세 살이만 하던 사람은 전세로 갈아타고, 나아가 자기 소유의 집을 장만하는 것이 두렵다. "송충이는 솔잎을 먹고 살아야 해." 하며 더 나은 조건의 주거 환경으로는 이사 갈 수 없다고 단정 지어버린다. 스스로 못한다고 한계를 그어버리니 발전 없는 삶을 운명인 양 받아들이며 살아간다.

우리나라 사람 중 16만 명 정도가 최소 3채 이상의 부동산을 보유하고 있다고 한다. 그들은 어떻게 3채 이상을 보유했을까? 돈이 많아서일까?

그들 모두가 여유 자금이 넘쳐서 3채 이상을 보유한 것은 아닐 것이다. 잘 사놓은 부동산은 시간이 지날수록 가격이 상승해서 재산 가치가 있다. 부자들은 이 사실을 잘 알고 있다. 그래서 부자가 되고 나서 부동산을 보유하는 것이 아니라 부동산을 소유해야 부자가 되는 것이다.

자금이 부족한 일반 서민들이 집을 살 방법은 없을까? 가장 일반적인 방법으로 대출이 있다. 대출 가능 금액이 적고, 이자가 감당이 안 된다면? 또는 수익 창출용이나 투자 목적의 집을 사고 싶다면? 소액으로 경매를 통해 수익을 창출하거나 내 집 마련을 할 수도 있다. 요즘은 남녀노소를 막론하고 재테크에 관심이 많아서 경매가 대중화되고 있다. 그런데 경매가 위험하다는 인식이 아직도 여전하다. 그리고 남이 살던 집을 빼앗는 느낌이라 싫다는 매우 '착한' 사람도 많다.

처음 우리나라에 아파트가 지어졌을 때 대부분의 사람들은 아파트를 꺼렸다고 한다. 머리는 하늘을 향해야 천기를 받는데 내 머리 위에 다른 층이 있으니, 천기도 막히고 다른 사람들이 내 머리를 밟는 것과 마찬가지인 모양새라는 게 이유였다. 엄청난 모욕이라고 생각한 것이다. 요즘 사람들은 층간 소음도 아닌 이런 이유로 아파트를 안 산다고 말하면 모두가 비웃을 것이다. 마찬가지로 처음 사진기라는 신문물이 들어왔을 때, 많은 사람들이 사진을 찍지 않았다고 한다. 사진을 찍히면 영혼을 빼앗긴다는 편견이 있었기 때문이다. 그런데 사람들의 무지로 인한 편견들이 아주 오래전에만 있었던 것이 아니다. 사람마다 살아가고 있는 현재의 시간이 모두 다르다.

당신은 몇 세기를 살아가고 있는가? 누군가는 조선 시대의 사고방식으로 살아가고, 누군가는 최첨단의 사고방식으로 살아간다. "생각대로 살지 않으면 사는 대로 생각하게 마련이다." 사람은 자신의 사고의 틀을 벗어나기가 죽기보다 어렵다. 먼저 의식 계몽이 되어야 더 나은 인생으로 나아갈 수 있다. "나는 먹고 죽으려고 해도 먹을 돈이 없어. 이번 생은 망했어."라고 하며 어차피 난 돈 모으기는 글렀다는 패배감에 욜로족이 되기도 한다. 흙수저로 태어난 자신의 팔자를 원망하며 매일매일 돈을 써댄다면? 미래에는 나은 삶을 살기는커녕 더 극한 가난의 나락으로 떨어지게 마련이다.

『이웃집 백만장자 : 변하지 않는 부의 법칙』의 저자 토머스 스탠리는 미국과 캐나다의 백만장자를 연구한 결과를 발표했다. 그 결과는 "부자는 돈 관리를 잘한다."는 것이었다.

18세기 양초 만드는 가난한 집의 15번째 아들로 태어난 벤자민 프랭클린이 있다.

그는 그 옛날 이미 돈과 시간의 중요성을 깨닫고 자수성가하여 자신의 운명을 바꾸었다.

"수입의 범위 안에서 돈을 쓸 수 있다면 현자의 돌을 손에 넣는 것과 같다."

저축하는 습관의 표본인 그는 아무리 작은 돈이라도 함부로 쓰지 않았고, 그렇게 절약한 돈은 모두 자기 계발에 투자했다. 그 결과 미국 최고의 과학자, 발명가, 외교관, 저술가, 비즈니스 전략가가 되었다.

내 운명을 부자로 바꾸고 싶은가? 부자와 빈자는 돈에 대한 사고방식이 다르다. 사고방식이 다르니 돈을 다루는 습관이 다르다. 가난한 사람들은 돈 관리를 못 하거나 돈 이야기 자체를 피한다. 돈을 지배하지 않으면 돈이 당신을 지배할 것이다. 돈을 지배하려면 돈을 관리하는 법을 알아야 한다. 먼저 통장을 나누어서 가진 돈으로 생활하고 저축하는 습관을 지녀야 한다. 돈의 액수보다 돈을 관리하는 습관이 더 중요하다. 저축 습관을 들인 후 다양한 투자에 대해 배워라. 그리고 행동하고 자기 계발을 게을리하지 말자. 운명은 바꿀 수 있다.

3

이럴 바에는
차라리 싱글맘이고 싶다

SBS TV 창사 특집 다큐멘터리 〈라이프 오브 사만다〉를 가족과 함께 재방송으로 시청한 적이 있다. 동물 홀릭인 아들을 위해 남편이 찾아낸 프로그램이었다. 처음에 나는 집안일을 하면서 대충 보다가 말다가 했는데 퀄리티가 매우 좋아서 같이 눌러앉아 보게 되었다. 아프리카 케냐 마사 이마라 초원에서 어미 치타 사만다가 세 마리의 암컷 새끼와 살아남기 위해 고군분투하는 이야기였다. 수컷 치타들은 번식만 하고 떠나서 출산 준비부터 육아, 새끼를 독립시키는 과정까지 암컷 혼자 한다고 한다. 이유가 명확하게 밝혀지지 않았지만, 숙명적으로 암컷 치타는 싱글맘으로 살 수밖에 없다.

치타는 동물 중 단거리를 가장 빨리 달릴 수가 있어서 달리기가 빠르지 않은 나는 가끔 치타가 부럽기도 했다. 그러나 이번 영상에서 보니, 빠른 만큼 금세 체력이 떨어져서 하루에 한 번 정도만 사냥할 수 있었다. 치타는 몸도 가늘고, 다리도 가늘고, 근육도 없고, 발톱도 위협적이지 못해 아프리카에선 약자에 속한다고 한다. 그래서 새끼 치타가 태어나서 몇 주 사이에 죽을 확률은 무려 90% 정도라고 한다. '자세히 알지도 못하면서 남을 부러워했구나…' 띄엄띄엄 알고 부러워했던 나 자신이 떠올라서 치타에게 미안해졌다.

며칠째 굶은 사만다가 죽을힘을 다해 먹이를 구하러 다니는 장면이 나왔다. 간신히 먹이를 구해도 천적들이 다가올까 봐 주위를 살피느라 새끼들에게 반나절을 먹이지도 못했다. 〈2부 Life is not easy〉에서는 막내 라라가 상처를 입게 되었다. 사만다가 며칠째 다른 두 마리 새끼들과 함께 다친 막내를 데리고 다니는 모습이 불안해 보였다. 이동이 느려지니 먹잇감을 찾기도 어렵고, 적이 나타나도 숨기도 더뎠다. 어느 날 사만다는 막내의 다친 다리를 한동안 핥아주더니 잠시 허공을 바라보았다. 깊은 고민에 빠진 것이다. 그러더니 라라만 놔두고 나머지 새끼들을 데리고 길을 떠났다. 그 장면에서 나는 그만 울어버리고 말았다. '오죽하면 사만다 같은 책임감 있는 어미가 새끼를 버렸을까?' 초원에서 남은 새끼와 살아남으려면 다친 새끼를 버릴 수밖에 없는 싱글맘 사만다의 비통한 마음이 느껴졌다.

우리 가족은 홀로 남겨진 막내 라라가 죽을까 봐 조마조마하며 시청했다. 사자나 하이에나에게 잡혀 먹일 가능성 99.9%였던 라라는 끝까지 엄마와 언니들을 찾아 헤매더니 며칠 뒤 찾아내었다. 다행히 막내 라라는 만만한 새끼가 아니었다. 자기 엄마 사만다처럼 끈기 있고 똑똑했다. 다시 막내를 만난 사만다는 다친 새끼의 다리를 한참을 핥아주었다. 그 심정이 어땠을지 또 눈물이 났다. 또 버리나 싶었는데 다행히 사만다는 모두 데리고 험난한 초원을 살아가기로 한다. 책임감 강하고 현명하고 강인한 엄마 사만다! 나는 사만다를 보며 이 땅의 싱글맘들이 겹쳐 보여 많은 공감과 위로를 받았다.

나는 주말부부 독박 육아 워킹맘이다. 나의 주중 일과는 여느 싱글맘과 다르지 않다. 아침에 일찍 일어나서 간단하지만 나와 아이의 아침 식사를 준비한다. 그리고 출근 준비를 하며 아이를 깨운다. 나의 하루 컨디션은 아이의 기상과 밀접한 관련이 있다. 아이가 제시간에 일어나면 하루가 여유롭고, 그렇지 못하면 나의 하루는 지각할까 봐 동동거리며 시작한다.

"준우야. 엄마 늦어. 빨리 해!"

간혹 아들이 전날 잠을 늦게 자서 아침에 못 일어나면, 더 자고 싶어 하는 아이를 억지로 유치원에 보내며 내 속은 말이 아니게 된다. 아들은 유치원에서 세 손가락 안에 들게 일찍 등원해서 가장 늦게 하원하는 아이 중 하나였다. '내가 무슨 영화를 보겠다고 이렇게 살아야 할까?' 아이에게 미안했고, 아침부터 동동거리며 하루를 시작하니 출근하고 나면 바로 퇴근하고 싶어졌다.

'나도 남편이 있는데, 왜 아이는 나 혼자 차지일까?'
'아이는 나 혼자 낳았나? 그렇지…. 나 혼자 죽을힘을 다해 낳긴 했지….'

문득 억울한 생각이 들었다. 이럴 바에는 남편이 없는 게 차라리 내 정신건강 상 나을 것 같았다. 퇴근하고 나면 바로 육아 출근이었다. 오랜만에 엄마를 만나 종알거리는 아이 말을 듣는 둥 마는 둥 하며, 바로 바쁘게 저녁 식사 준비를 해야 한다. '남편이 내가 버는 것만큼 더 벌어오면 직장을 그만둬도 될까?'라고 생각하는 순간 나와 같은 공무원이라는 사실에 짜증이 난다. 분명 내가 고른 조건이건만…. 왜 그런 선택을 했는지 내가 실망스럽다.

'심지어 남편은 수입이 나와 거의 같은데도 육아는 오롯이 내 차지라니….'

이런 생각에 미치자 남편이 거는 전화마저도 받기가 싫어진다.

사실 나는 내 직업을 오랫동안 좋아했다. 아이들을 가르치며 한 인간으로 성장시킨다는 건 참 보람되고 멋진 일이라고 생각했다. 이런 훌륭한 일을 하며 돈도 받는다니 참 좋은 직업이었다. 엄청난 경쟁을 뚫고 합격한 나 자신이 참 자랑스러웠다. 그러나 세월이 흐르며 점점 사회 및 학교 분위기가 팍팍해지며 체력도 의욕도 저하되었다. 아이를 낳아 키우며 점점 직장이 버겁게 느껴졌다. 내 아이나 바르고 멋진 사람으로 성장시키고 싶어졌다.

나는 아이가 자기 전에 책을 3권씩 읽어준다. 아기였을 때는 일도 아니던 책 읽어주기가 어느덧 글밥이 늘어나며 힘에 부치게 되었다. 그래서 자꾸 글밥 적은 책을 밀어주며 꼼수를 부린다. 어떤 날은 졸면서 책을 읽어주다가 알 수 없는 방언을 하며 읽어주었다. 잠결에 아들이 나를 바라보는 눈빛이 보일락 말락 했다.

어느 날 『엄마는 회사에서 내 생각해?』라는 책을 읽어주었다. 내용은 아래와 같다.

월요일 아침 엄마가 은비를 깨웠어요.

"은비야, 빨리 일어나. 밥 먹고 유치원 가야지."

은비는 일어나기 싫었어요. 아무것도 먹기 싫었어요. 유치원에도 가기
싫었어요. 그런데 엄마는 자꾸 빨리빨리 하라고 했어요.

"너 유치원 데려다 주고 회사 가려면 엄마 바쁘단 말이야."
"엄마, 오늘 회사 안 가면 안 돼?"

은비가 말하니까 엄마가 화를 냈어요. 은비는 기분이 아주 나빠졌어
요. 엄마는 은비를 유치원에 데려다주고 나서 지하철역까지 바쁘게 뛰었
어요. 나눔 반 선생님이 웃으며 맞이했지만 은비는 웃음이 나지 않았어
요. 아이들이 아직 다 오지 않아서 교실이 허전했어요.

이런 부분을 읽어주다가 아들에게 물었다.

"준우야, 너 유치원에서 엄마 생각해?"
"아니~. 나 노느라 바빠. 엄마는?"

다행이다. 역시 책은 책일 뿐이로구나. 나는 "엄마도 준우 생각 안 하
지~." 하면서 웃었다. 아이는 "치!! 엄마 나빠!" 하면서 삐진다. 내 아들

을 바라보았다. 귀엽고, 남편을 닮아서 창의성과 미술 재능이 뛰어나다. 하나뿐인 내 아들을 세계 최고의 미술대학에 보내고 싶다는 욕심이 생긴다.

"너는 전 세계를 누비며 네 잠재력을 모두 펼치거라. 내 아들아!"

돈이 없어서 외아들임에도 영어 유치원에 못 보냈는데, 유학을 보내려면 돈 공부를 해야겠다고 다짐했다.

남편은 이런 생각을 하기는 할까? 육아는커녕 재테크도 내 몫이로구나 싶다. 자꾸 기대하게 하면서 평일에는 도움을 주지 못하는 내 남편. 이럴 바에는 차라리 싱글맘이 낫겠다는 생각이 들 때도 많다.

4

나는 내가 당연히
부자로 살 줄 알았다

나는 어릴 적부터 알뜰하고, 돈 모으는 것을 좋아했다. 똑같은 용돈을 받아도 내 지갑에는 늘 돈이 있었다. 그래서 나는 내가 당연히 큰 부자가 될 것으로 생각했다. 뭘 해도 크고 넓은 것을 좋아해서 엄마는 나한테 욕심쟁이라고 불렀다. 형제 중에서도 제일 큰방을 썼고, 언니와 인형 놀이를 할 때도 내 인형의 집이 제일 컸다. 언니는 인형 놀이를 하며

"정완이네 놀러 가자. 그 집은 정원이 너무 넓어서 온종일 걸어야 집 입구가 나와. 너무 커서 한번 가려면 큰맘 먹고 가야 해."

라며 놀렸다. 나는 욕심 많은 아이였다. 시간은 흘러서 고3이 되었고, 특별한 재능은 없지만 가르치는 것을 좋아해서 엄마는 사범대학을 가라고

하셨다. 고3 때 다른 친구들은 어쩜 그리 확실한 진로가 있고, 꿈이 명확해 보이는지 마냥 부럽기만 했다. 그런데 나중에 알고 보니 점수에 맞춰 들어간 경우가 태반이었다. 친구들도 나와 같이 갈피를 못 잡았다. 그나마 나는 적성을 살려 대학에 갔다는 것을 알게 되었다. 그 후로 나는 다른 사람을 함부로 부러워하지 않기로 했다. 자세히 보면 다들 나와 비슷하거나 나보다 더 힘든 경우도 많았다. 사실 나는 내심 사범대학은 가고 싶지 않았다. 어릴 적부터 부모님은 교사나 공무원들을 가리켜 가난한 사람들이라고 칭하셨기 때문이다. 그래서 나는 그런 직업은 갖지 말아야겠다고 무의식중에 생각했다.

비록 사범대로 진학했지만, 당시 유행했던 벤처기업에 관심도 갔고, 하고 싶은 일을 하며 부자가 될 수 있는 직업을 갖고 싶었다. 월급쟁이처럼 가난하고 재미없는 직업을 내가 하리라고 생각하지 않았다. 그런데 내가 대학 입학하고 얼마 뒤, 잘 나가던 아빠의 사업이 완전한 실패로 끝나버렸다. 내 나이 20대 초반, 이제 비빌 언덕이란 존재하지 않았다. 나는 어떻게 해서든지 안정된 직장에 들어가야 했다. 2001년 사범대 졸업식 때 엄마가 말했다.

"졸업하면서 2급 교사자격증도 주고, 역시 사범대가 최고구나. 사범대 나와서 선생님 못 되면 공부 못했다는 소리 듣는다."

나는 그 말을 들으며 "엄마는 참 현실을 모르네…. 요즘 사대 나왔다고 다 교사 되는 줄 아나?" 하는 반발심과 함께 공부 못했다는 소리는 듣지 말아야지 싶었다.

1997년 IMF 외환위기 이후로 사회 분위기가 뒤숭숭했다. 한국은 IMF 외환위기 지원을 받아들이는 대신 긴축재정과 구조 조정을 해야 했다. 1998년 상반기에만도 1만 개의 기업이 부도처리 되었고, IMF 외환위기 전 30대 대기업 중에서 대우, 쌍용 등 17개 그룹이 퇴출당했다. 또한, 동화와 대동 등 9개의 은행도 문을 닫거나 흡수되었다. 은행이 망한다는 것은 IMF 이전에는 상상도 하지 못한 일이었다. 이와 함께 각 기업은 구조 조정을 한다며 대규모 권고 퇴직을 진행했다. 부동산 가격은 떨어지고 경제성장률은 마이너스를 기록했으며 자살률은 150%나 증가했다.

이런 분위기 속에서 청년들은 너나없이 취업만을 학수고대했다. 여러 차례 휴학과 복학을 반복하던 방황을 마치고, 나는 간신히 4학년 졸업반이 되었다. 늦깎이 대학교 4학년! 주위에서 하나둘 취업 소식이 들렸다. 다른 학부의 선배는 네슬레에 취업이 되었다며 축하를 받았다. 맨날 과 TOP이라던 동아리 공대 선배는 우리 학교 교직원에 합격했다. 다시 고3 때 친구들의 모습이 떠올랐다. 마치 나만 빼고 모두 다 취직이 잘되는 느낌이었다. 그러다가 나보다 먼저 졸업한 과 동기들의 임용고시 합격 소식이 하나둘 들려왔고, 두렵지만 나도 시험을 보기로 마음먹었다.

대학을 졸업하면서 바로 노량진 학원에 교육학 수강을 신청했다. 노량진 유명 강사의 교육학 강좌는 인산인해를 이루었다. 금방 마감이라 새벽같이 줄을 서서 수강 신청을 해야 했다. 간신히 등록하고 첫 강의 날 나는 너무 놀랐다. 강의실에는 몇 백 명이 교회에 앉는 긴 의자에 다닥다닥 붙어 앉아 있었다. 중간중간에 대형 TV가 여러 개나 있었다. 강의실이 너무 커서 강사의 판서가 보이지 않으니 TV 화면에서 판서를 보며 받아 적었다. 어느 날 교육학 학원 비좁은 자습실에 앉아서 나는 스스로 다짐했다.

"나 윤정완. 이 생선 냄새나는 노량진에서 올해 반드시 탈출 성공한다!"

이를 갈던 그날이 종종 떠오른다.

나는 각오대로 한 번에 합격했다. 그러나 취업 후 첫 월급 명세서를 보고 깜짝 놀랐다. 145만 원! 그나마 사범대 졸업이라 1호봉을 더 쳐서 준 급여였다. 갑자기 부모님의 말씀이 떠올랐다.

"공무원이나 교사는 가난한 사람들이야…."

화장실 들어갈 때와 나올 때가 다르다는 말은 사실이다. 내 직장은 분명 그 당시 절박했던 나에게 하늘이 내려준 튼튼한 동아줄이었다. 나는 안정된 공무원이 되어 부모님께 생애 처음으로 효도했다. 아이들을 가르치고, 상담을 하며 소소한 즐거움과 보람도 느꼈다. 그러나 내 직업은 부자가 되는 길은 아니었다. 겸업 금지에 여러 가지 제약이 많은 직업이었다. 그래도 평생 연금이 있으니 퇴직하고 나서도 노후 걱정은 없겠거니 싶었다. 그런데 박근혜 정부 때 공무원 연금은 용돈 수준으로 반의반 토막 나버렸다. 게다가 퇴직해도 62세가 되어야 연금 수령이 가능했다. 이대로 박봉의 월급쟁이로 살다가 퇴직 후 더 가난한 미래를 살 것 같아 암울했다. 재테크의 필요성을 느끼며 여기저기 기웃거린 덕분에 또래보다는 돈을 모았다.

그러던 어느 날 나는 〈한국책쓰기1인창업코칭협회(이하 한책협)〉 김도사를 만났다. 그는 대구 빈농의 자식으로 태어나 보통 사람들은 상상도 할 수 없을 정도로 많은 것을 성취했다. 20대 후반 아버지가 돌아가신 후 남긴 빚 유산을 갚았다. 2년제 대학을 졸업하고 고시원에서 며칠씩 굶으며 막노동을 했던 그는 200여 권의 책을 출간했다. 16권의 교과서에 글이 수록되었고, 소유하고 있는 부동산만 30채가 된다. 벤츠 S클래스, 람보르기니, 포르쉐, 캐딜락 에스컬레이드 등 6대의 차를 가지고 있다. 놀라운 것은 그는 상상의 힘과 끌어당김의 법칙으로 과거 소망했던 것들을 모두 성취했다는 점이다.

『100억 부자의 생각의 비밀』이라는 책에서 "성공해서 책을 쓰는 것이 아니라 책을 써야 성공한다." 그리고 "한 사람이 죽는다는 것은 하나의 도서관이 사라지는 것과 같다."라고 했다. 그 문장을 보는 순간 "내 이름의 도서관을 짓겠다."라는 나의 버킷리스트가 떠오르면서 작가가 되기로 했고, 내 첫 번째 책『0원으로 시작하는 짠순이 재테크 습관』을 썼다.

그는 지금까지와는 다른 인생을 살고 싶다면 먼저 내면에 가득 찬 가난한 사고를 몰아내라고 한다. 그 자리에 부에 대한 사고를 채워야 한다. 어둡고 음울한 내면을 밝고 희망찬 것으로 바꿔야 한다. 가난은 극복할 수 있다. 그러려면 이제부터 부에 대해서만 생각하고, 말해야 한다. 가난을 생각하거나 스스로를 의심하거나 좌절해선 안 된다고 했다. 또 "직장 생활만으로는 절대 성공할 수도, 부자가 될 수도 없다. 자신의 배움과 경험을 돈으로 바꾸어 퍼스널 브랜딩을 하라." 등 주옥 같은 명언이 내 가슴에 불을 지폈다. 김도사는 책 쓰기뿐 아니라 돈 공부와 의식 성장에 큰 가르침을 준 나의 스승님이다.

김도사를 만나고 잊고 있던 나의 부의 본능이 꿈틀거렸다. 당연히 부자로 살 줄 알았던 과거가 떠올랐다. 나는 특별한 삶을 살기로 하고, 부자의 사고로 바꾸기 시작했다. 돈을 좋아하면 탐욕스럽게 여기는 세상의 편견에서 빠져나와 돈의 속성을 공부했다. 가난은 마음의 병이었다. 돈은 결핍으로부터 자유롭게 하고 부와 풍요를 가져오게 하는 것이다. 혈액이 몸을 자유로이 순환하고 있을 때 건강하듯 돈이 생활에 자유로이 순환하고 있을 때 경제적으로 건강하다. 나는 잊고 있던 나 자신과 나의 꿈을 찾아가는 중이다. "나는 내가 당연히 부자로 살 줄 알았다." 그리고 "나는 당연히 부자로 살아간다."라고 내 인생을 다시 세팅했고 하나씩 실행하고 있다.

5

얼마면
내 삶이 편안해질까?

나는 매일 집 근처 스타벅스에 간다. 혹자는 스타벅스에 취직했나 하고 의아해할 수도 있겠다. 취직은 아니고 아메리카노를 마시며 책을 읽거나 책을 쓰기 위해서다. 한동안 유행한 '오피스리스 워커'라는 말이 있다. 사무실 없이 일하는 사람, 즉 어느 공간도 사무실로 만들 수 있는 사람을 말한다. 스마트폰, 노트북만 있으면 자유롭게 선택에 의한 일을 할 수 있는, 자유로운 구속을 즐기는 사람이다. 나는 정형화된 조직을 나와 하루하루가 새날 같은 오피스리스 워커로 살아가고 있다. 내가 직장인의 삶에서 탈피해 오피스리스 워커로서의 삶을 선택한 뒤 많은 사람들이 나 권마담을 롤 모델로 삼고 있다.

나의 첫 번째 베스트셀러 『당신은 드림워커입니까』로 나는 자기 계발 작가가 됐다. 평범한 직장인에서 꿈을 이룬 작가, 동기부여가로서의 삶은 기적 같은 일이었다.

내 강의를 들은 사람들 중 일부는 자기 삶의 목적 또는 방향을 얻었다고 말한다. 젊은 청춘들에게는 젊은 CEO, 작가, 동기부여가로서 롤 모델이 되기도 하였다.

우리는 과거가 아닌 미래로 나 자신을 평가해야 한다. 그런데 안타깝게도 많은 사람들은 자신의 과거의 모습으로 자신의 미래를 판단한다. 그래서는 안 된다. 이제 인생을 바라보는 패러다임을 바꾸어야 한다.

은퇴 후가 아닌 젊은 나이에 성공하고자 한다면, 이루고자 하는 꿈을 종이에 적고, 말하고, 그렇게 된 것처럼 행동해야 한다. 나는 단지 남들보다 조금 다르게 나의 미래 가치에 투자했기 때문에 지금의 자리에 있게 되었다. 나의 보통의 일과는 12시가 넘어서 끝난다. 하지만 중요한 것은 이 일은 내가 좋아서, 스스로 신나서 하기 때문에 전혀 피곤하거나 힘들다는 생각이 들지 않는다는 것이다. 그러니 이보다 더 행복한 삶이 어디 있으랴.

20세기 최고의 복서 무하마드 알리는 이런 말을 했다.

"자신을 믿지 못하기 때문에 도전을 두려워한다. 그러나 나는 나를 믿는다."

나는 지금 다시 20대 시절로 되돌아갈 수 있다고 해도 다시 돌아가고 싶지 않다. 왜냐하면, 나의 20대 시절은 너무나 힘들고 고달팠기 때문이다. 돈 없이 영어를 배우기 위해 타지에서 생활할 때는 처절하게 외로워 며칠 동안 운 적도 있고, 그로 인한 두려움이 더욱 커져 보름 가까이 외부로 나가지 못했던 적도 있다. 그때와 지금을 비교하면 지금이 너무나 행복하다. 내가 좋아하는 일을 하며 밥을 먹고 문화생활을 누릴 수 있는 지금과 비록 젊었지만 고달팠던 20대와 맞바꾸고 싶은 생각은 없다.

나는 서울에서 4년 동안을 공부하는 직장인, 즉 '샐리던트'로 지냈다. 새벽 5시에 기상해서 저녁 12시까지 운동, 공부, 직장, 영어까지 빈틈없이 살아왔다. 녹록지 않은 가정형편 때문에 어렵게 시작한 공부인 만큼 시간을 쪼개 살아야 했기에 다른 어떤 것에서도 방해받고 싶지 않았다. 친구들과의 연락조차 사치라고 느껴졌다. 처음 공부하겠다고 부랴부랴 서울로 와서 룸메이트와 동거할 때였다. 룸메이트는 매일 새벽 일찍 일어나 샤워부터 한다. 그리고 나서 예쁘게 화장을 하고 우아한 옷을 입고, 책 한 권을 들고 외출을 했다. 몇 시간 후 집에 와서 CNN 영어방송을 듣고, 과일 주스와 샐러드를 먹고 출근을 한다.

그 당시 나는 룸메이트를 이해할 수 없었다. 대학생이던 그녀는 부모님께 손 벌릴 수 없다며 공부와 아르바이트를 병행하고 있었기 때문이다. 그런 그녀가 아침마다 커피숍에서 아까운 돈을 내고 커피를 마시면서 여유를 부리는 모습이 전혀 이해되지 않았다.

"아니! 그럴수록 커피 값을 아끼고, 책값을 아껴 돈을 모아야 하는 거 아닌가? 왔다 갔다 할 시간에 영어 단어 한 개를 더 외우고, 시험공부를 해야지!"

정말 아이러니했다. 나는 오전 9시부터 저녁 6시까지를 제외한 시간을 이용해서 학교 공부와 자격증 공부까지 마쳐야 했기 때문에 하루 4~5시간 정도 자면서도 늘 시간이 부족했다. 어느 햇살 좋은 휴일 아침에 나는 공부하느라 정신이 팔려 있었는데, 갑자기 룸메이트가 함께 나가자고 했다.

"동희야, 오늘같이 날씨 좋은 날은 조금 쉬어가면서 해. 모처럼 휴일이잖아. 너 보면 숨이 차. 오늘 내가 제대로 공부하게 해줄게."
"엥? 제대로 공부하게 해준다고? 말도 안 되는 말로 나를 꼬시는군."

평소 그녀는 시간의 중요성을 누구보다 잘 알고 있기 때문에 절대로 남의 시간을 빼앗거나 방해하지 않는다. 그런 그녀 때문에 나도 늘 방해를 주지 않으려고 내 일에만 충실했다. 그런 그녀가 재촉하니 할 수 없이 따라나서게 되었다.

도착한 커피숍의 분위기는 호텔급이었지만 대학 근처라 다소 저렴한 매장이었다. 일찍 나온 터라 가게에는 우리뿐이었다. 맑고 고운 선율의 피아노 소리까지. 그날 날씨에 어우러지는 완벽한 풍경이었다. 하지만 나는 이내 밀린 숙제와 단어들이 머릿속에 떠올랐고, 마음은 안절부절못했다. 나는 쓰디쓴 아메리카노를 마시며 이런 걸 왜 사람들이 돈 주고 사 먹는지 이해가 가질 않았다. 차라리 이 돈으로 맥도날드 런치 세트를 먹고 싶다는 생각을 했다.

"동희야, 너 또 돈 생각하지? 내가 사는 거니까 그냥 편하게 먹어. 그리고 항상 네가 나에게 말했잖아. 나는 아무 걱정 없어 보인다고. 그리고 늘 여유롭고 행복해 보인다고 말이야. 아르바이트도 하고, 영어 공부도 하고, 학교 공부까지 하는데 항상 여유로운 내가 부럽다고 말했지? 여기가 나의 비밀 장소야. 항상 아침마다 여기 와서 많은 생각을 해. 계열사를 거느린 회장의 모습, 나의 이름을 건 패션쇼를 하는 모습 등 최고의 생각만 하지. 그리고 오늘 해야 할 일도 생각해 보고 말이야. 그럼 하루가 신날 만큼 즐겁고, 지금 하는 일이 별일 아닌 것처럼 느껴져. 내가 매일 사용하는 커피 값이 학생인 나에겐 사치일 수도 있지만 그런 사치라면 대환영이다. 그 사치를 위해 다른 것들을 포기하고 있으니까 말이야."

그렇다. 생각해 보니 그녀는 학교 친구들을 만나는 일이 거의 없었다. 늘 혼자였고 오히려 그게 더 자연스럽고 그녀를 돋보이게 해주었다. 혼자였지만 항상 우아하게 차려입고 낭만을 즐기며, 큰 꿈을 상상하고 노력하고 있었던 것이었다. 그래서 그녀는 늘 즐겁고 행복하고 여유 있어 보였던 것이다.

나는 그동안 성공하고 싶었지만 늘 여유가 없고 바빴다. 커피 한잔의 여유도 누리지 못한 채 어디에 있는지도 모르는 성공을 위해 주인 의식 없는 삶을 살고 있었던 것이다. 성공한 사람의 마인드를 가진 사람이 성공하고, 부자의 마인드를 가진 사람만이 부자가 된다. 나는 이 단순한 진리를 잊고 있었다.

그날 이후로 나도 룸메이트와 함께 우아하게 옷을 입고 단장하고, 꿈을 꾸고 커피를 마시기 시작했다. 여전히 쓴 커피이지만 쓴 커피 한잔에 담긴 여유는 나를 고치에서 화려한 나비로 거듭나게 해주었다. 더 큰 꿈을 꾸게 해주었다. 나는 스타벅스에서 커피를 마시며 내가 이루고 싶은 것, 갖고 싶은 것을 마음껏 상상했다. 20대 후반에 나는 자기 계발 작가가 되고 싶었고, 동기부여가가 되어 대중들 앞에서 강연을 하고 싶다는 꿈을 가졌다. 그 결과 나는 모두 이루었다. 나는 베스트셀러 자기 계발 작가가 되었고 동기부여가가 되었다. 그리고 배우자와 함께 부동산 30채와 외제차를 6대 이상 소유한 120억 자산가가 되었다.

재테크의 기본은 저축이다. 나 역시 여상을 졸업하고 받는 얼마 안 되는 월급에서 돈을 떼어 적금을 붓고 아끼며 살았다. 그러나 출근 전 커피 한잔의 여유는 즐겼다. 『커피 한잔의 명상으로 10억을 번 사람들』이란 책도 있다. 나에게 커피 한잔은 보통 사람의 수다가 아니다. 꿈을 꾸고 설계하고 책을 읽고 쓰는 자기 계발 시간이다. 스타벅스에서 책을 읽고, 사색하고 메모하고 미래를 꿈꾸면서 내 인생은 눈부시게 달라졌다. 나는 스타벅스에서 출근 전후의 커피 한잔을 추천한다. 이 한잔의 여유로 많은 사람들이 나처럼 풍요롭고 행복한 미래를 만들 수 있다고 생각한다.

6

소확행 좀 했을 뿐인데
잔고가 바닥이네

옛날에 멋 부리기 좋아하는 임금님이 살았다. 온종일 새 옷으로 계속 갈아입고 나랏일은 제대로 돌보지 않았다. 그러던 어느 날 거짓말쟁이 형제가 찾아왔다. 거짓말쟁이 형제는 사람들 앞에서 고래고래 외쳤다.

"우리는 세상에서 가장 아름다운 옷을 만든답니다. 바보에게는 안 보이고, 지혜로운 사람에게만 보이는 신기한 옷이지요!"

모두 거짓말쟁이 형제의 말에 깜박 속았다. 임금님은 그 말을 듣고는 '세상에서 가장 아름다운 옷이니 나한테 잘 어울릴 거야.' 하고 기뻐하며 거짓말쟁이 형제에게 돈을 듬뿍 주고 옷을 만들 것을 명령했다. 며칠이 지나자 임금님은 새 옷을 잘 만들고 있는지 무척 궁금했다. 하지만 옷이 안 보일까 봐 걱정스러웠다. 드디어 행진 날이 하루 전으로 다가왔다.

"임금님, 드디어 옷을 다 만들었습니다!"

임금님은 속옷까지 홀딱 벗었다. 거짓말쟁이 형제는 임금님에게 옷을 입히는 척했다.

"이 옷은 새털같이 가벼워서 안 입은 것 같답니다."

빵빠라밤! 나팔 소리가 크게 울려 퍼지자, 임금님이 궁전에서 나왔다. 백성들은 입이 떡 벌어졌다. 임금님이 벌거벗은 채 행진하고 있었다. 하지만 백성들은 바보라고 놀림 받을까 봐 아무 말도 못 했다. 그때 한 아이가 임금님을 보려고 고개를 갸웃갸웃 내밀었다.

"어, 벌거벗은 임금님이다!"

아이는 배를 잡고 떼굴떼굴 구르며 웃었다.

"임금님이 벌거벗었대!"
"어머, 정말 아무것도 안 입었어!"

그제야 어른들도 임금님을 보고 깔깔대며 웃었다.

『벌거벗은 임금님』 이야기이다. 허영으로 나라는 돌보지 않고 새 옷만 찾다가 사기꾼에게 걸려들어서 망신살이 온 나라에 뻗친 임금님. 임금님은 창피해서 앞으로 어찌 살아갔을까? 그 이후가 궁금해진다.

살아가면서 허영으로 손해를 보거나 후회한 경험은 누구나 있을 것이다. 나의 경우 옷과 신발 욕심에 소소하게 사다 보니 옷장과 신발장 공간이 부족했다. 옷을 거는 행거는 너무 무거워서 곧 부러질 듯 처량해 보였다. 그런데도 옷을 골라 입으려면 "오늘은 뭘 입고 나가지?" 하며 입을 옷이 턱없이 부족하다고 느꼈다. 참 신기한 일이었다.

육아 휴직을 했을 때는 내 옷과 신발은커녕 아이 용품만 샀다. 공무원 외벌이라 그럴 여유가 없었다. 그래서 나름 알뜰하게 산다고 이것저것 열심히 비교하며 공을 들여 최고 가성비의 물건을 선택했다. "난 역시 현명한 소비자야." 하면서 자화자찬하기도 했다. 그런데 싸고 좋아 보이는 물건이라고 생각해서 사고 보면 꼭 그만한 값을 했다. 딱 가격만큼 물건의 수명이 정해져 있었다. 역시 손해 보는 장사를 하는 장사꾼은 없었다. 내가 순진했을 뿐, 결국 싸고 좋은 것이란 없었다. 이럴 바에야 튼튼하고 좋은 물건 한 개가 더 저렴하다는 것을 매번 느끼면서도 나는 빈자(貧者)

의 마인드로 선뜻 좋고 비싼 물건은 사지를 못했다. 물건 자체보다 가격을 중시했다. 변명이겠지만, 내가 싼 물건에만 집착한 데에는 원인도 있었다. 남편 따라 연고 없는 타지에서 나홀로 육아는 스트레스가 참 많았다. 처음 하는 결혼이니 신혼 땐 남편의 성향을 따르고 싶었다. 남편은 싼 물건을 사서 오래 쓰는 슈퍼 짠돌이였다.

"이거 어때? 10년 넘은 셔츠야. 내가 입으니 멋져 보이지?"
"20년은 넘어 보여. 제발 좀 버리고 새로 하나 사."

원래 내 월급으로 내가 필요한 것들은 사고 살았는데, 공무원 외벌이 남편 월급으로 살려니 스트레스가 많았다. 게다가 나는 여기저기 싸돌아다니는 게 취미인데 남편은 장롱면허, 집돌이였다. 주말에 어디 좀 나가자고 하면 집 앞 공원 한 바퀴가 전부였다. 그나마 그 유명한 대전 한밭수목원이 내 집 안마당인 게 남편에겐 큰 행운이었다. 한밭수목원이 없었다면 남편은 아마 내 바가지에 수명이 단축되었을 수도 있었다.

돌아보니 나는 타지살이 독박 육아 우울증이었던 것 같다. 10년을 넘게 직장 다니고 퇴근 후 자기 계발하면서 자유롭게 살던 나였다. 연고 없는 타지에 갇혀서 나를 위한 소소한 돈도 못 쓰고 독박 육아를 하니 정말 미칠 노릇이었다. 아이가 빨리 커서 육아 해방을 하고 싶으면서도 복직하면 주말부부 독박 육아 신세이고…. 두렵고 진퇴양난이었다.

우울하니 점점 아이 용품을 사는 데 집착하게 되었다. 처음에는 아이를 낳고 필요한 게 한둘이 아니었다. 나도 예쁘고 좋은 물건을 사고 싶었지만, 돈이 없으니 포기하고 가격에만 집착했다. 그러다가 핫딜 카페를 알게 되고, 핫딜에 빠져들게 되었다. 육아 중 나의 힐링은 오로지 스마트폰의 핫딜 알람이었다. 핫딜이 뜨면 가슴이 두근두근 설레었다. 정각에만 준다는 쿠폰을 몇 분 전에 알람 설정을 해놓고 지극 정성으로 사들였다. 핫딜을 잡으면 그날 나의 기분은 하늘을 날았다. 성취감과 함께 부자가 되는 기분이었다. 카드사 별로 주는 쿠폰도 챙겨야 하니 신용카드는 점점 늘었다.

"이번 주는 아주 바빴나 봐? 택배 박스가 별로 없네?"

주말에 분리수거를 하면서 남편이 놀렸다.

남편은 공무원 외벌이지만 저축을 하고 싶어 했다. 나도 사실은 저축하고 싶었다. 그러나 푼돈을 저축한다고 얼마나 모을 것이냐는 부정적인 생각이 들었다. 게다가 어차피 복직할 예정인데 돈 아낀다고 스트레스를 더 받고 싶지 않았다. 당시 내 스트레스를 풀 곳은 핫딜과 소소한 아이 물건을 사는 거라 저축은 꿈도 못 꿨다. 그러던 어느 날 내면의 소리를 듣게 되었다. '그만 좀 사자….' 나도 물건을 사들이느라 심신이 피곤했던 것이다. 얼마 후 나는『심플하게 산다』라는 책을 만나게 되었다.

"우리는 필요도 없는 물건을 사고 정리하고 버리느라 에너지를 낭비한다. 스트레스를 풀려고 먹고, 다시 살을 빼면서 스트레스를 받는 기형적인 상황을 반복하고 있다. 방대한 인맥 네트워크 사회에서 아는 사람은 많지만 정작 마음을 둘 곳은 없다. 이처럼 더 많이 가지라고 요구하는 지금의 소비사회는 더 많이 가질수록 인생이 불행해지는 역설을 보여주고 있다."

나는 이 책을 읽으면서 내 삶을 돌아보며 정리를 시작했다. 그랬더니 통장에 잔고가 생기기 시작했다. '소확행'이라는 명목으로 소소하게 사들인 물건들이 사실은 거의 필요 없는 쓰레기더미였다. 물건이 줄어드는 만큼 집에 여유 공간이 생겼다. 여유 공간이 늘어나는 만큼 내 마음과 경제적 여유가 생겼다.

쇼핑중독 경험으로 '소확행'이 얼마나 큰 낭비인지를 깨달았다. 돈을 모으고 싶다면 자신의 스트레스 관리를 좀 더 건설적으로 바꿔보자. 작지만 소소한 행복은 돈을 쓰는 데만 있지 않다. 산책을 하거나, 책을 보거나, 봉사를 하거나 등 찾아보면 많다. 돈을 쓸수록 줄어드는 통장 잔고에 행복보다는 스트레스가 더 가중된다. 건설적인 '소확행'으로 내 통장의 잔고와 행복을 사수하자.

7

월급은 통장을
스쳐 지나갈 뿐

스텔라 장의 '월급은 통장을 스칠 뿐'이란 노래가 있다.

어서 와요 곧 떠나겠지만 잠시나마 즐거웠어요

잘 가세요 하지만 다음엔 좀 오래오래 머물다 가요

난 매일 손꼽아 기다려 한 달에 한 번 그댈 보는 날

가난한 내 마음을 가득히 채워 줘 눈 깜짝하면 사라지지만

나나나 나나나 나나나 나나나나나나 나나나나

반가워요 오랜만이지만 볼 때마다 아름답네요

가지 마요 난 그대 없으면 말 그대로 거지란 말이에요

(중략)

난 그대 없인 살 수 없어 왜 자꾸 나를 두고 멀리 가

가난한 내 마음을 가득히 채워 줘 눈 깜짝하면 사라지지만

(중략)

노래를 들어보면 재미있으면서도 안타깝다. 월급을 받으면 잠시 행복을 느낄 찰나, 통장을 스쳐 지나간다. 많은 직장인들의 월급은 각종 공과금, 카드 값, 아이 학원비, 용돈, 대출금 등 여기저기 빚쟁이들이 나타나 싹싹 긁어간다. 월급은 다가가면 갈수록 멀어지는 놓쳐버린 풍선 같은 느낌이다. 그러나 나는 이 노래 가사를 보면서 "돈을 좇지 말고 돈이 따라오게 하라."는 교훈을 떠올린다.

내 소중한 월급이 내 통장에 오래오래 머물 방법은 없을까?

일반 직장인이 한정된 수입으로 잘 살아가려면 자신의 지출을 통제할 줄 알아야 한다. 그렇다면 나만의 블랙홀을 찾자. 카드 명세서를 보면 자주 돈이 나가는 곳이 나오게 마련이다. 나의 성향을 파악한 후 수시로 돈을 쓰는 그곳이 과연 꼭 써야 할 지출인지 고민해보자. 그러나 무조건 돈을 쓰지 말자는 마인드로 독하게 모든 지출을 틀어막다 보면, 얼마 후 심

신이 피폐해지면서 요요현상을 맞이하게 된다.

'시발비용'이란 말이 있다. 스트레스를 받지 않았다면 쓰지 않았을 비용을 일컫는 대한민국의 신조어이다. 홧김에 시킨 배달 음식 값이나, 짜증이 나서 탄 택시비 등을 일컫는다.

스트레스로 이런 '시발비용'이 커지면 그동안 돈을 아낀 수고는 모두 수포로 돌아가게 될 것이다. 그러므로 돈을 아끼는 데만 포인트를 두지 말고, 인생의 목표, 나의 관심사, 나의 버킷리스트 등 삶의 우선순위를 먼저 적어보자. 늘 인생의 최종 목표 지점을 바라보고, 생계유지에 필요한 지출 외에는 가장 중요한 곳에 돈을 쓰고, 일정액은 저축하고, 일부는 나에게 투자하자.

지금 나는 스타벅스에서 이 책을 쓰고 있다. 주위를 둘러보니 요즘 스타벅스는 도서관 같은 분위기다. 책을 펴고 공부하는 사람, 스마트폰으로 검색하는 사람, 나처럼 노트북을 켜고 무언가 열심히 쓰는 사람, 인터넷 강의 듣는 사람도 많다. 그런가 하면 수다 삼매경인 사람들도 눈에 띈다.

"이번 주 소개팅 어땠어?"

"정말 핵폭탄이었어. 시간 아까워~ ○○이는 나를 뭘로 보고 그런 남자를 소개해준 거야?"

"그 정도야? ○○이 너무했네….'

"스트레스 풀어. 내가 케이크 사줄게~"

옆자리에 20대 청춘들의 대화 소리가 유난히 크게 들린다. '한창 그럴 나이긴 하지~.' 하고 이해해보려다가도 거슬려서 다른 자리로 옮겨 앉았다. 문득 같은 커피 값을 내고 같은 시간과 공간에서 사람마다 하는 일이 참 다르다는 생각이 든다. 누군가의 커피 한잔은 나처럼 자기 계발 값이기도 하고, 누군가에게는 그냥 수다로 버려지는 돈이기도 하다.

우리가 지출하는 돈은 기본적으로 3가지 성격이 있다. 그것은 바로 '소비', '투자', '낭비'이다.

1. 소비란 만 원짜리 물건을 구입할 때 그 자리에서 바로 만 원의 가치와 맞바꾸는 것이다. 그러므로 가격보다는 물건의 가치를 생각하며 소비해야 한다.

2. 투자란 장래에 어떤 식으로든 되돌아올 것이라 예상되는 돈이다. 마치 씨를 뿌리고 싹이 틀 때까지 기다리며 목돈을 만드는 것이다.

3. 낭비는 사용하면 없어지는 돈, 미래에 가치를 생성하지 않는 돈이

다. 예를 들면 게임에 빠져 써버리는 돈이다.

우리는 지갑에서 돈을 꺼내기 전에 소비인지 투자인지 낭비인지 질문을 던져야 한다. 낭비라면 과감하게 그만두자. 낭비가 사라지면 통장에 머무르는 내 돈이 늘어난다.

돈이 모이는 사람과 그렇지 못한 사람의 차이는 무엇일까? 바로 돈에 대한 통제 능력과 돈에 대한 마인드에 있다. 돈이 모이는 사람은 매달 수입, 사용처, 필요 경비, 예금, 여유 자금, 자유로이 쓸 수 있는 내 용돈 등을 대략 파악하고 있다. 그러므로 추가 수입이 들어와도 갑자기 마구 쓰거나, 추가 지출이 생겨도 크게 당황하지 않는다.

한편, 돈이 모이지 않는 사람은 마음 내키는 대로 마구 돈을 써버리곤 한다. 어차피 금세 사라질 돈이니 빨리 다 써버리고 돈이 없어지면 불안해한다. 마치 균형 잡인 식습관이 있는 사람과 그렇지 못한 사람과 유사하다. 규칙적으로 식사를 하는 사람은 먹는 양이 늘 정해져 있고 건강하다. 반면 불규칙하게 식사를 하는 사람은 폭식과 우울증, 비만으로 이어지게 마련이다.

"이번 달은 예상 외로 지출이 많아져서….''

"갈수록 돈이 없어서 힘들어."

"왜 나는 돈이 모이지 않는 걸까?"

이런 대화는 일상 속에서 쉽게 듣는다.

이런 사람들은 대부분 돈을 일종의 '물건'으로 본다. 『부자들은 왜 장지갑을 쓸까』와 『2억 빚을 진 내게 우주님이 가르쳐준 운이 풀리는 말버릇』의 책을 보면 돈이란, 생명이 있는 생물이라고 한다. 돈이라는 것은 본래 사랑과 감사의 에너지이다.

그래서 돈은 자신을 소중히 여기는 사람에게 머물고자 하는 속성이 있다. 돈을 써야 할 때 지출에 집중하지 말고, 이 물건을 살 수 있는 내 능력과 돈에 감사하자. 지출할 때는 "아쉽다. 내 돈아, 다음에 친구들을 꼭 데리고 오렴."이라고 인사해주자. 지불할 때는 진심으로 감사의 마음을 담아 기분 좋게 지불하고, 들어올 때도 감사함을 느끼고 인사한다면 돈이 붙는 사람이 된다.

대부분의 사람들은 월급이 통장을 스쳐 지나간다며 불평한다. 지금 내가 그렇다면 내 돈의 흐름과 돈에 대한 태도를 점검해야 한다. 먼저 자신의 소비, 낭비, 투자에 대해 생각해보고 낭비를 차단하자. 스트레스를 관리해서 쓸데없는 낭비로 돈이 나가지 않도록 주의하자.

돈이란 일종의 생명체이다. 돈을 사람 대하듯 소중히 다루고 감사하자. 돈의 속성을 공부한다면 어느덧 돈이 들어오는 사람이 될 것이다. 내 월급을 내 통장에 오래 머무르게 하자.

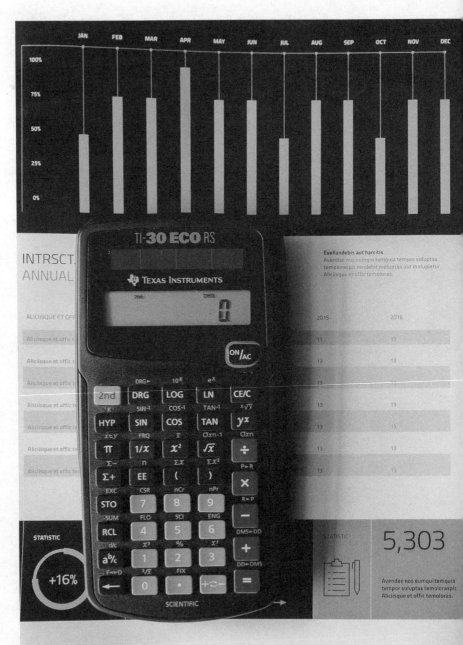

INTRSCT.
ANNUAL

Evellandebis aut harcitis
Avendae nos eumqui temquia tempor soluptas
temoloraspic tendebit moluptas aut moluupietur.
Aliciisque et offic temoloras.

ALICIISQUE ET OFF	2015	2016
Aliciisque et offic t	13	13
Aliciisque et offic t	13	13
Aliciisque et offic te	13	13
Aliciisque et offic te	13	13
Aliciisque et offic te	13	13
Aliciisque et offic te	13	13
Aliciisque et offic te	13	13

STATISTIC

+16%

STATISTIC

5,303

Avendae nos eumqui temquia
tempor soluptas temoloraspic
Aliciisque et offic temoloras.

2장

슈퍼우먼보다 현명한
워킹맘이 되자

1

슈퍼우먼보다
현명한 워킹맘이 되자

『프랑스 엄마의 힘』이라는 책을 읽으면 프랑스 여자들이 궁금해진다. 아이를 사랑하지만, 자신을 더 사랑한다. 그래서 육아를 제외한 대부분의 시간을 자신을 위해 투자한다.

프랑스 여성들의 다이어트는 일상생활이다. '적게 먹는다', '많이 움직인다', '식사 때마다 와인을 한 잔씩 곁들인다' 등 다양한 학설이 있지만, 프랑스 여성들은 악착같이 자신을 가꾸고 참으로 부지런하다. 그래서 살찔 겨를이 없다. 그렇게 그들은 중년이 되어서도 미니스커트에 스니커즈를 신고 거리를 활보한다. 자기주장을 옹호하며 일에서든 사랑에서든 육아에서든 분명한 자기 영역을 만들어 매사에 정말 철저하다. 프랑스 엄마들은 아이에게 목숨을 걸 듯 매달리지 않는다. 아이는 아이 자신의 인생을 살아야 한다고 생각한다. 그래서 성년이 된 자녀와 한집에서 같이 살지 않는다. 프랑스 엄마들의 자녀 사랑이 우리나라 엄마들보다 덜해서가 결코 아니다. 각자 자기의 인생에 충실하고 각자의 행복을 추구할 때만 삶의 가치를 논할 수 있기 때문이다. 그래서인지 프랑스 엄마들의 표정은 행복하다.

그런데 우리나라 대부분의 워킹맘들은 행복하지 않다. 왜일까?

여자는 육아와 가사 노동, 게다가 직장까지 모든 것을 다 잘 해내야 한다는 사회적 분위기와 그에 순응하는 삶을 살려고 해서라고 생각한다. 자고로 아내는 안사람, 남편은 바깥양반이라는 말이 있다. 과거에는 성역할이 확실했었다. 그러나 현대사회는 아내가 안사람+바깥양반의 일까지 하고 있는데도, 사회적 분위기는 조선 시대 마인드이다. 그러니 '슈퍼우먼'이란 말이 생겨난 것이다.

누구에게나 하루는 24시간이다. 그 24시간 동안 워킹맘은 직장, 육아, 가사 노동을 다 잘 해내야 한다는 기대치가 있다. 기대에 부응해 숨 막히는 24시간을 보내는 대부분의 대한민국 워킹맘이 행복할 리가 없다. 더 이상 남 눈치 보지 말고 내 인생과 내 가족을 위해 내 시간을 철저하게 관리하자. 남들이 내 인생을 대신 살아주지 않는다.

"사람들은 개인적인 삶과 일을 조화롭게 꾸릴 수 있는지 나에게 물어옵니다. 나는 간단하게 대답합니다. 할 수 있다고 말입니다. 그냥 모든 일에 100%를 발휘할 수 없다는 것만 인정하면 됩니다. 우리 삶에는 사소한 것들이 많습니다. 그런 것들을 포기한다고 죄의식을 가질 필요는 없지요. 슈퍼우먼이 될 수 없다는 것만 인정하면 됩니다. 직장, 가사일, 엄마의 역할, 아내의 자리 그 모든 것을 다 해내야 할 이유는 없습니다."

— 『최고는 무엇이 다른가?』 맥거번

한 청년이 석가모니를 찾아왔다. 그는 이렇게 질문했다.

"세존이시여, 이 세계는 시간적으로 영원합니까? 영원하지 않습니까? 또 공간적으로 시작과 끝이 있습니까? 없습니까?"

이 질문에 석가모니는 유명한 '독화살의 비유'로 답했다.

"어떤 사람이 독화살을 맞아 매우 위독한 상황에 부닥쳤다. 이때 가족들이 의사를 불러왔다. 그런데 그 사람이, '아직 화살을 뽑아서는 안 된다. 나는 먼저 화살 쏜 사람의 이름과 신분, 그리고 화살을 무엇으로 만들었는지 알아야겠다.'라고 말한다면 그는 그것들을 알기도 전에 죽고 말 것이다."

지금 가장 중요한 일에 신경 써야 한다. 그렇지 않고 덜 중요한 일에 신경 쓰게 되면 머지않아 후회하게 될 일이 생기게 된다. 성공자들은 지금 어떤 일이 가장 중요한지 잘 알고 있다. 그래서 다른 시급한 일이 있어도 제쳐두고 중요한 일에 시간과 노력을 쏟는다. 그래서 성공자들은 선택과 집중의 달인이라고 할 수 있다.

누구나 행복한 미래를 맞이하고 싶어 한다. 하지만 행복한 미래는 지금 이 순간을 어떻게 보내느냐에 달렸다는 것을 잊어선 안 된다.

나는 부유하지만, 항상 시간에 쫓기고 힘든 가사 일을 혼자 도맡아 하는 주부들을 많이 봤다. 그들 가운데 한 사람이 떠오른다.

재산이 100억 원가량이나 되지만 그녀의 모습은 하녀와 다를 바 없었다. 아이들을 유치원에 등원시키는 것부터 마트에서 장을 보고 요리하는 것, 100평의 집 안을 청소하는 일, 각종 소소한 일까지 직접 챙기는 것을 보면서 굳이 저렇게 살 필요가 있을까 하는 생각이 들었다. 남들은 그녀를 보고 부자라고 생각하지만 안을 들여다보면 하녀와 같은 삶을 살고 있기 때문이다. 재산이 아무리 많아도 혼자서 다 해내려고 한다면 그것은 부유한 삶이 아니다. 오히려 풍요 속의 거지다. 나는 그녀에게 이렇게 조언했다.

"인생에서 가장 중요한 것은 시간이에요. 혼자서 다 하려고 하지 말고 도우미를 쓰세요. 4시간 부르는 데 5만 원이에요. 집 안 청소하는 것이며 요리하는 것까지 그분이 더 잘하세요. 그렇게 아낀 시간과 에너지를 삶에서 가장 중요한 부분에 쓰세요."

그러자 돌아오는 대답은 이랬다.

"내가 직접 하면 되는데 굳이 돈 써 가며 그럴 필요가 없지요."

그녀는 지금도 혼자서 밥하고 빨래하고 장 보고 청소하고 다 한다. 자신은 전혀 가꾸지 않는다. 정작 스스로를 볼 줄 모른다. 그녀는 평생을 그렇게 분주하게 살면서 인생의 가장 소중한 자신을 놓치며 살 것이다.

힘들었던 과거, 나는 지금처럼 원하는 분야에서 멋지게 성공해서 눈부시게 살고 싶었다. 하지만 당시의 내 모습은 마치 목적지와 정반대로 달려가는 기차와 다를 바 없었다. 늘 여유가 없었고 바빴다. '커피 한잔의 여유'도 누리지 못한 채 어디에 있는지도 모르는 성공을 위해 주인 의식 없는 삶을 살고 있었다. 성공하는 사람의 마인드를 가진 사람이 성공하고, 부자의 마인드를 가진 사람이 부자가 된다. 나는 단순한 진리를 잊고 있었다.

나 권마담은 현재 작가이자 동기부여가이고 〈위닝북스〉 출판사의 대표이다. 또 〈한책협〉의 운영자이고 〈한국석세스라이프스쿨〉의 대표이다. 더불어 5살, 4살, 3살 세 아이의 엄마로 하루 24시간을 누구보다 바쁘게 산다. 하는 일이 너무나 많으므로 가사도우미와 베이비시터를 적극적으로 활용한다. 단, 육아는 내가 시간이 날 때 하루 1시간 정도 아이들을 보러 간다. 내가 원할 때 아이들을 보니 행복이 아이들에게 고스란히 전달되는 장점이 있다.

엄마가 지친 상태에서 종일 같이 있는 것보다 한 시간을 보더라도 집중해서 놀아주는 것이 중요하다고 생각한다. 한 번 놀아줄 때 3명을 동시에 데리고 놀아주기도 하지만, 1명씩 산책을 데리고 가서 집중해주며 놀아준다. 3명을 같이 놀아주면 알게 모르게 비교하게 돼서 1명에게 온전한 사랑을 주고자 노력한다. 나는 선택과 집중의 중요성을 알고 실천 중이다.

나는 스타벅스에서 혼자 있는 시간을 가장 즐긴다. 출근 전이나 짬 나는 시간을 이용해 스타벅스에서 책을 읽고, 사색하고, 메모하고, 책을 쓰면서 내 인생은 눈부시게 달라졌다. 향긋한 아메리카노와 함께하다 보면 아이디어들이 마치 팝콘 튀기듯이 톡톡 튀어나오는 것을 실감한다. 예전에는 커피 값도 너무나 아까워하던 내가 이제 인생의 노예가 되지 않고 내 인생의 주인공으로 살고 있다. 모든 일을 혼자 다 하려고 하지 말

자. 비용을 주고 나보다 더 잘하는 전문가에게 가사 노동과 육아의 일부를 맡기자. 하루 일정을 우선순위에 맞게 짜고 이 순간 가장 중요한 일에 집중하자. 슈퍼우먼보다 현명한 워킹맘이 되자. 엄마가 행복해야 가정이 행복하다.

2

직장 3년 차,
원룸 월세에서 빌라 주인이 되다

나는 서울에서 태어나 살다가 고등학교 때부터 분당 79평 아파트에서 10년 넘게 살았다. 우리 집은 중산층이었고, 엄마는 부동산에 관심이 많고, 분양을 참 잘 받았다. 내가 대학교 졸업 무렵, 당시 사업에 실패한 부모님은 분당에서 다시 고향 서울로 들어가셨다. 나는 부모님이 있는 내 고향 서울 지역에 임용 시험을 치고 싶었다. 그러나 서울 지역은 내 과목을 뽑지 않았다. 마침 내가 준비한 정보처리기사 자격증을 인천 지역에서 가산점 0.5점을 더 쳐줬다.

공무원 시험은 0.1점으로도 당락이 결정된다. 0.5점은 큰 장점이었다. 게다가 나보다 먼저 시험에 합격한 과 동기와 후배를 보니 경기도로 시험을 치면 저 멀리 포천이나 여주 등으로 발령이 났다.

"합격 축하해! 거기 어때?"

"언니. 여기 북한이랑 경계. 포천이에요. 대포 소리 들으면서 수업해
요."

포천의 한 중학교에 발령 난 후배의 말과 여주에 합격해서 논과 밭 근
처로 발령 난 동기의 소식을 들으면서 나는 경기 지역은 마음을 접었다.
비교 분석한 결과 서울 집에서 다닐 수 있는 인천이 가장 적합했고, 나는
합격했다. 그때부터 나의 인천 생활이 시작되었다.

첫해는 당시 서울로 이사 간 부모님 집에서 왕복 3시간 넘게 출퇴근했
다. 너무 멀어서 이듬해부터는 직장 앞에 집을 구하기로 했다. 아빠의 사
업 실패로 우리 집은 내게 집을 구해줄 형편이 안 되었고, 부모님 돈을
받을 마음도 애당초 없었다. 부동산에 자주 투자해서 잘 아는 엄마는 내
직장 앞을 둘러보셨다. 직장과 5분 거리에 있는 신축 빌라 월세를 권하셨
다. 순간 나는 의아했다.

"전세도 아니고 월세를?"

"그래. 이런 빌라는 전세 들어가면 안 돼. 전세 만기 때 보증금이 안 빠
질 확률이 높거든. 아깝지만 안전하게 월세로 하자. 엄마가 돈이 없어서
미안하다."

월세 보증금도 대출받아야 하는 상황이었지만, 나는 공무원이라 전세금도 얼마든지 저렴한 이자에 받을 수 있었다. 비록 집주인에게 부탁해서 월세 보증금을 높여서 빌라 월세를 30만 원에서 25만 원으로 조절했지만, 매달 월세가 너무나 아까웠다. 처음 한 층에 5가구가 사는 다가구 신축 빌라에 들어갔을 때 너무 신났다. 원룸이지만, 베란다도 있었고 에어컨, 싱크대도 있고 무엇보다 깨끗했다. 혼자 살기에 딱 좋았다.

"이렇게 싸고 좋은 집이 많은데, 엄마는 왜 늘 아파트만 고집하는 걸까?"

그 답을 찾기까지 시간은 그리 오래 걸리지 않았다. 바로 옆방에 할머니와 장성한 아들이 살고 있었다. 밤에는 두런두런 대화 소리가 선명하게 다 들렸다. 가장 힘든 것은 바로 앞방 아저씨의 새벽 TV 소리였다. 한밤중에 귀가해서 새벽까지 TV를 크게 틀어서 도저히 잠을 잘 수가 없었다.

엄마는 귀한 자식을 원룸 빌라에 놓고 와서 매일 걱정을 하시더니 빌라 경매를 공부하셨다. 대출을 받아서 두세 채 정도 수익을 보고 파는 연습을 하셨다. 그러던 어느 날 직장 근처 다세대 빌라 전세를 들어가라고 하셨다. 엄마와 구경을 하러 가서 보니 어엿한 집이었다. 방이 2개에 거실, 화장실이 있었다. 한 층에 3가구가 살고 있었다. 원룸에 살다가 번듯한 집을 보니 나는 신이 났다. 사람은 역시 환경의 동물인가 보다. 천당 밑에 분당 79평에 살던 내가 이렇게 수준이 쪼그라들 줄이야….

집주인은 나와 동갑인 남자였다. 20대 영업사원인데, 큰 차를 굴렸고, 어린 아기와 부인과 살고 있었다. 그런데 이 집은 보통 전세와는 달랐다. 전세금이 다른 집보다 저렴했다. 엄마는 이게 바로 '깡통 전세'라고 하셨다.

"이 집 주인이 오래지 않아 경매에 넘어갈 것 같아. 이거 전세로 들어가서 경매로 사라."

"위험하지 않아?"

"위험하니까 싸지. 엄마 느낌에 이거 경매로 금방 나온다."

"경매로 못 받으면?"

"그래도 우선순위라 네 전세금은 돌려받을 거야. 이 집 전세금이 경매로 넘어가면 보장되는 최소 금액이야. 그러니 이런 위험한 집에 전세 거래가 있는 거지."

나는 그사이 대출받은 월세 보증금은 이미 다 갚았다. 이번에는 은행에서 전세금 대출을 받았다. 1년의 월세 살이에서 드디어 다세대 빌라 전세로 갈아탔다. 1년 반 정도 살고 있을 때 집주인이 경매에 넘어갔다는 소식이 들렸다. 방학이라 서울 부모님 집에 있을 때였다.

"정완아, 가자. 법원으로."

난생처음 가본 법원이었다. 처음 보는 판사 아저씨는 참 형식적으로 여러 경매 건을 뚝딱뚝딱 처리했다. 주르륵 읽으며 판사 봉을 두드리는데 영혼이 없고, 마치 염불하는 스님 같아 보였다.

"이거는 보통 이 정도 금액 선인데 낙찰 금액은 네 집이니 네가 써라. 이런 집은 경매 받으러 올 사람도 없을 거야."

나는 그냥 저렴하게 썼다. 드디어 내 차례가 다가오자 엄마가 기도하기 시작했다. 엄마의 예상은 비껴갔다. 이 집을 노리고 온 사람이 있었던 것이다. 다행히 나는 운 좋게 후순위와 단돈 5만 원 차이로 낙찰에 성공했다. 3년도 안 돼서 무일푼이 몇 천만 원짜리 빌라의 주인이 된 것이다.

"대체 이런 빌라를 누가 탐내는 거야? 저기 저 남자 뭐 하는 남자 같냐?"

엄마가 내 후순위로 금액을 적은 남자를 바라봤다. 하마터면 낙찰에 실패할 뻔했기 때문이다. 그리고 몇 년 후 나는 빌라의 전세금을 거의 갚았다. 빚을 너무 싫어하는 성격이라 월급 받으면 대출금부터 최우선으로 두고 상환했다. 그 빌라에서 직장 만기 때까지 4년을 살았다. 직장에서 매우 가까웠고 전철이 바로 앞이라 주말에 서울 다니기에도 좋았다. 게다가 경비 아저씨가 없어서 관리비가 무척 저렴했다. 단점은 바로 코앞에 다세대 빌라가 붙어 있어서 방음이 안 됐다. 다닥다닥 붙여서 지은 다세대 빌라였다. 어느 여름날 바로 건너 빌라의 세탁기 소리에 잠을 못 잤다. 주인이 세탁기를 돌려놓고 외출을 한 것이다. 세탁기는 계속 세탁이 끝났다고 알림 음악 소리를 반복했다. 나는 잠시 살다 갈 예정이라 에어컨을 사지 않았다. 한여름이라 창문을 닫을 엄두도 나지 않았다. 그때 한 남자의 고함이 들렸다.

"아이 *발! 세탁기 좀 끄라고!!"

갑자기 깜짝 놀랐다. '나만 시끄러웠던 게 아니구나…' 하는 안도와 함께 가난한 사람들이 몰려 사는 주거환경을 차례로 경험하는 느낌이었다.

나는 직장 3년 차에 다가구 월세에서 다세대 빌라의 주인이 되었다. 2년 정도 뒤에 2천만 원의 수익을 보고 빌라를 팔았다. 그리고는 다음 근무 발령지에 17평 주공아파트를 대출받아서 샀다. 그리고 또 몇 년 후 큰 수익을 남기고 팔았다. 만일 여유자금이 있었으면 방음 잘되는 좋은 집을 사서 투자했겠지만, 돈이 없어서 빌라 실거주로 투자했다. 바닥부터 한 계단씩 차곡차곡 올라가는 느낌이었다. 학자금 대출로 사회생활을 시작한 내가 엄마의 코치와 함께 성실히 대출금을 갚아가며 점점 큰 수익을 내고 있었다. 부동산이 이렇게 단기간에 큰 수익을 내는 것을 직접 체험하면서 나는 점점 투자의 맛을 알아갔다.

재테크의
가장 큰 적은 편견이다

"테오야! 엄마 금방 돌아올 테니까 아무한테나 문 열어주면 안 돼. 알았지?"

"네~ 걱정하지 마세요!"

"똑똑."

"…"

"나는 괴물이야! 문 좀 열어줘. 너랑 재미있게 놀려고 왔어."

"싫어! 나는 혼자 노는 게 더 좋아!"

"똑똑! 문 좀 열어줘! 맛있는 사탕 줄게. 사탕 먹고 싶지 않니?"

"아니! 사탕 안 좋아해. 나 지금 청소할 거야."

"똑똑! 문 좀 열어줘! 내가 청소 도와줄게."

"괜찮아! 나는 이제 간식 먹을 거야."

"똑똑! 문 좀 열어줘! 내가 맛있는 요리해줄게."

"이제 배 안 고파."

"흥! 내가 정말 문을 안 열어주면 창문으로 들어간다!"

창문에는 아주 작은 귀여운 괴물이 사탕을 들고 서 있었다. 테오는 이 귀여운 애완 괴물과 재밌게 잘 놀았다. 조금 뒤 돌아온 엄마도 아기 괴물과 사탕을 까먹으며 즐거워하셨다. 『괴물이 똑똑!』책 이야기이다. 엄마가 아무한테나 문을 열어주지 말라고 했고, 테오는 괴물이라는 말에 무서워서 문을 열어주지 않았다. 괴물이라는 실체는 본 적도 없으면서 막연한 편견에 둘러싸인 것이다.

지인 중에 수입이 꽤 넉넉함에도 아파트가 아닌 빌라에서 사는 사람이 있다. 아는 사람을 통해 아주 싼 분양가에 들어갔다고 한다. 그런데 집이 점점 마음에 안 든다고 한다.

"옆집이랑 대화도 가능해요. 방음이 전혀 안 돼요."

"아파트로 이사 가는 건 어때요?"

내가 보기에는 씀씀이를 좀 줄이고 대출을 받으면 더 쾌적한 아파트에 들어갈 수 있을 것 같았다.

"아파트요? 우린 돈이 부족해요…. 그리고 사람은 다 자기에게 맞는 집이 있는 거 같아요."

사람은 자기에게 맞는 집이 있다? 그 말에 놀랐다. 가만히 들어보니 살아오며 아파트에서 살아본 적이 없는 것 같았다. 역시 사람은 환경의 동물이다. 무슨 일이든 먼저 나도 할 수 있다는 마음부터 먹어야 한다. 스스로 한계를 지어버리니 시작조차 못 하게 된다. 과연 대출을 받지 않고, 아파트를 살 수 있는 사람이 몇 명이나 될까? 나 역시 학자금 대출을 갚으면서 사회생활을 시작했고, 대출로 아파트를 샀다.

대출을 너무 싫어하는 성격인지라 삶의 1순위를 대출 상환으로 정했고, 몇 년 안 걸려서 모두 갚았다. 돌이켜보면 20대 중반, 한창 좋을 나이에 친구들, 동료들과 여행도 다니고 문화생활을 즐겨도 빚을 갚을 수 있는 능력이 있었다. 문화생활을 좀 즐긴다 한들 대출금 상환 시기가 약간 늦어졌을 뿐이었는데 말이다. 당시 친구들에게 돈을 빌려줬다가 못 받은 경험과 첫 아파트를 사며 큰돈을 대출받아서 대출 노이로제에 걸려 있었다. 다시 돌아간다면 좀 더 청춘을 즐기다 오고 싶다. 나는 첫 아파트 구매 시 직장·주거 근접성과 교통의 편리를 최우선으로 고려했다. 그 덕분에 시간이 흐름에 따라 내가 지불한 금액보다 훨씬 더 올랐다.

내가 처음 발령받고 만난 동기 A가 있었다. 우리는 둘 다 싱글이었고, 부모님 집이 직장에서 멀었다. 나는 다음 해부터 월세에서 전세, 그다음 자가 빌라, 자가 아파트 순으로 착실히 순서를 밟았고, A는 오피스텔 월세를 선택했다. 어느 날 A가 다른 동기들과 함께 집들이 겸 초대를 했다. 다세대 원룸 빌라에 살던 나는 A의 오피스텔에 들어선 순간 깜짝 놀랐다. 쾌적하고 너무 좋았다. 몇 년 전까지 분당 79평 아파트에서 가장 큰 방의 소유자이던 내가 나락으로 떨어져도 너무 떨어져 버렸나 보다. 그 친구의 오피스텔이 너무나 부러웠다.

"이야~ 쌤! 집 너무 좋아요!"

"다 새것이잖아. 이것도 옵션이에요? 책장도 이쁘고, 집도 참 센스 있게 잘 꾸몄다~."

"너무 잘 갖추고 사는데? 좋겠다아."

모두들 칭찬 일색이었다.

"이거 전세 얼마에요?"

"아니. 월세요."

"관리비는 얼마나 나와요?"

싱글들의 호구조사가 시작되었다. 월세 50만 원을 내고 있고 관리비도 월 20만 원이 나온다고 했다. 순간 나는 깜짝 놀랐다. 내가 지내고 있는 빌라 월세 25만 원에 관리비 5만 원도 아까워서 죽을 지경이었는데, A는 월 70만 원을 주거비로 쓰고 있었던 것이다.

"헉…, 넘 비싸~!"

"나도 그렇게 생각해요. 그런데 오피스텔 전세는 대출을 너무 많이 받아야 해서 부담되고, 알아보기 귀찮아요."

A는 평소 귀차니즘과 불편함을 못 참는 성격이었다. 니트 한 장을 사도 백화점에서 사고, 음식도 유기농만 즐겼다. 당시에는 내가 물건의 가치보다 돈을 중시했으므로 전혀 이해가 안 되었다. 부의 사고방식을 배우는 지금은 A의 생활방식이 이제 이해가 되긴 한다. 물론 다세대 빌라나 오피스텔은 전세보증금을 못 돌려받는 위험이 있다. 그래서 나도 전세금 대출을 충분히 받을 능력이 있었지만, 처음 집을 1년 간 월세로 들어가 살았다. 그러나 A는 그런 이유가 아니라 월세보다 대출금이 더 부담스럽다고 생각했다.

"조삼모사(朝三暮四)"라는 말이 있다. 원숭이에게 도토리를 아침에 3개, 저녁에 4개 준다고 하니 큰 반발이 있어서 아침에 4개, 저녁에 3개

준다고 하니 원숭이들이 좋아하더라는 말이다.

A는 그 오피스텔에서 2년을 살았다. 매달 50만 원씩 내서 총 1,200만 원을 임대업자에게 준 셈이다. 관리비 20만 원은 별도였다. 만일 전세금이 4천만 원이라고 가정하고, 연 2.5% 이자로 전세자금 대출을 받았다고 해보자. 한 달에 83,000원 정도 이자를 내고 2년 후에 원금 4천만 원을 회수해 갈 수 있다.

대출은 위험한 것이라 여기는 사람들이 많다. 그러나 대출 자체가 위험한 것이 아니라 자본주의 사회에 살면서 대출을 이용하지 못하는 것이 위험하다. 은행도 대출을 이용해서 돈을 번다. 저렴한 이자로 예금을 유치해서 돈이 필요한 사람에게 고금리로 대출을 해주고, 그 금리 차이로 돈을 번다. 감당할 수 있는 범위 안에서 대출은 위험한 것이 아니다. 돈을 벌고자 한다면 먼저 자신의 무지를 알고 편견부터 깨야 한다.

저녁 반찬 고민 말고,
그 시간에 돈 공부하자

옛날 옛적 바다 건너 먼 나라에 고추가 살았다. 그 고추는 맵디매운 지금의 고추와는 달리, 하나도 안 맵고 맛있는 열매였다. "아, 맛있는 고추다. 냠냠." 사슴도 와서 똑, 원숭이도 와서 똑, 거북이도 와서 똑, 따 먹었다. 이러다 씨도 여물기 전에 따먹어버리면 다시는 싹을 틔울 수 없을 것 같아 고추는 울었다. "우리처럼 털이나 가시를 만들어 봐." 고추의 울음소리를 들은 친구들이 말했다. "그래! 나도 털이나 가시를 만들어 봐야겠다." 그때 원숭이가 뛰어왔다. 고추는 뾰족뾰족 가시를 내밀었다. "어? 고추에 가시가 생겼네!" 원숭이는 잠시 생각하더니 "달콤한 고추를 먹을 수 있다면 가시쯤은 괜찮아." 똑! 아작아작! 이번에는 적들을 물리쳐 줄 개미들이 와서 살게 했다. "거북이다! 거북이다!" 거북이 나타나자 개미들은 뛰어나가 거북을 물었다. 하지만 거북은 "달콤한 고추를 먹을 수 있다면 조금 따끔해도 괜찮아." 똑! 우적우적! 아무리 해봐도 소용이 없자 고추는 또 잉잉 울었다. 그때 씀바귀가 조용히 말했다. "있잖아, 나는 아무도 뜯어 먹지 않아." 고추는 울음을 뚝 그쳤다. "내 잎은 아주 써. 한번 맛을 본 동물들은 나를 아주 싫어하지." 이 말을 듣고 고추는 불끈 힘이 났다. "그래! 바로 그거야. 나도 쓴맛을! 아니야, 나는 매운맛을 낼래. 입이 얼얼하고 머리가 핑핑 돌게 매운맛!" 그 뒤 원숭이가 뛰어오더니 고추를 날름 따 먹었다. "아이고! 맵다, 매워. 입에서 불이 나네." 사슴도, 거북도 고추를 따 먹고는 고개를 절레절레 저으며 도망갔다. 신이 난 고추는 깔깔 웃었다.

우리 아들이 좋아하는 『고추가 매워진 이유』라는 동화책 내용이다. 생존 위기에서 살아남기 위해 갖은 방법을 동원하다가 자신만의 무기를 찾아낸 고추! 나도 살아남기 위해 방법을 고민하다가 나를 도와줄 가사 노동의 자동화 시스템을 갖췄다. 그런데도 독박 육아 워킹맘에게 시간은 턱없이 부족했다. 퇴근하고 나면 아이가 바로 집으로 돌아올 시간이다. 퇴근하고 먼저 와 있는 아이를 만나거나, 내가 먼저 가 있으면 10분 내외로 아이가 집에 온다. 야간 자율 학습 감독이라도 있는 날에는 아이를 데리고 직장에 가서 밤 9시까지 감독했다. 그나마 집과 직장, 아이 학교가 도보 5분 내외 거리라 다행이다. 직장·주거 근접성 최고인 기숙사 같은 집을 구한 나 자신이 참 대견하다. 그러나 그런 감사함과는 별개로 "또 출근이군. 저녁은 또 뭘 해먹이지? 육아 퇴근은 오늘 몇 시에나 가능하려나?" 하는 생각부터 앞서는 나는 나쁜 엄마일까?

우리 집 주중 저녁 반찬은 주로 고기류이다. 입 짧은 아들이 그나마 좋아하는 음식이고, 살도 찌울 수 있고, 굽기만 하면 되니 주 2회 이상 고기를 구워준다. 그 외는 김밥, 참치 마요 덮밥, 생선, 김치찌개, 계란덮밥, 소시지 등을 돌려가며 먹인다. 음식 솜씨도 없고, 음식 만드는 데 취미가 없는지라 밥상 차리는 게 시간 낭비란 생각이 많이 든다. '어디 영양 만점 알약 없을까? 삼겹살 알약, 생선 알약, 김치찌개 알약, 갈비탕 알약! 뱃속에 들어가면 다 똑같은데 왜 굳이 장을 봐서 음식을 만들고, 설거지하고…. 이런 시간 낭비가 어디 있단 말인가? 나처럼 고급인력이 이게 뭐야….' 나는 입맛이 너그러워서 아무거나 잘 먹기도 하지만, 아이는 내가 마음먹고 정성껏 식사 준비를 해도 잘 먹지를 않는다. 그러니 점점 음식을 안 하게 되고, 못하게 되고 귀찮아하게 되는 루틴의 반복인 것 같다.

반면 남편은 음식을 참 잘한다. 신메뉴 개발을 안 해서 그렇지 아이는 남편이 한 음식을 훨씬 잘 먹는다. 주중에도 같이 살았다면 남편이 저녁밥을 해줬을까? 같이 산다 해도 밤 10시~11시에나 퇴근하니 아무 도움이 안 될 것이 분명하다. '똑같이 버는데, 왜 나는 돈도 벌고, 아이와 관련된 모든 것이 나의 몫일까? 왜 결혼한 걸까? 아이 키울 그릇도 못 되면서 왜 낳았을까?'의 생각을 하면 끝없는 나락으로 빠져들며 억울해진다.

아이가 밥을 30분 이상 느리게 먹는지라 나는 매번 아이를 독촉한다.

"준우야! 빨리 먹어. 7시 30분에 윤선생 영어 선생님 만날 시간이야.
늦잖아~~"
"먹고 있어. 밥이 왜 이렇게 딱딱해? 맛없어! 안 먹을래."

어제 전기밥솥에 한 밥을 냉동해놓은 것을 전자레인지에 데워서 줬더
니, 딱딱하다고 투정이다. 보통은 밥 다 먹으면 아이스크림을 주겠다고
어르고 달래서 먹인다. 그러나 내가 피곤한 날은 아이에게 마구 화를 낸
다.

"먹지 마! 먹지 마! 엄마 퇴근하고 힘든데 밥 차려줬더니 뭐라고? 나
가!!"

시간에 쫓겨 사니 아이의 투정에 예민해지게 마련이다. 이렇게 화를
낸 날은 자책하며 죄책감에 빠진다. 학교에서는 학생과 학부모에게 그렇
게 친절하고, 가끔 만나는 진상들을 이해하려 애쓰면서 내 자식에게 나
는 왜 이리 모질게 굴까? 게다가 나는 상담심리 석사학위 소지자다. 전

문상담 1급 자격증도 가진, 심리에 나름대로 일가견이 있는 사람이다. '역시 이론은 실제와 달랐어. 학위는 다 거짓말이었어.' 하며 스스로를 위로해보지만 아무리 생각해도 내가 잘못한 날이 더 많다. 오늘처럼 아이 화상 영어 수업이 있는 날은 바쁘다. 여기에 아이가 목욕이라도 한다고 떼를 쓰면 애 취침 시간이 늦어진다. 그러면 다음 날 아침에 아이 깨우는 게 여간 힘든 일이 아니다.

내 아들은 내 팔베개를 좋아한다. 즉 내가 꼭 옆에 있어야 잠이 든다. 밤 10시~11시에 애를 재우고 나면 드디어 나만의 시간이 생긴다. 어떤 날은 운 좋게 아이가 9시 30분에 잠이 든다. 그러면 내 가슴은 마구 뛴다. 30분~1시간이나 자유시간이 늘어난 것이다. 요즘 핫하다는 드라마를 하나 봐볼까? 아침에 못 한 홈 트레이닝을 30분 더 할까? 어제 읽다만 책을 조금 더 볼까? 하고 싶은 일들이 마구 떠오르며 흥분된다. 나도 대부분의 사람들처럼 퇴근하고 드라마나 봤으면 싶을 때도 많다. 그러나 직장 다니는 지금, 나와 내 가족의 미래를 위해 준비를 해야 한다는 것을 잘 알고 있다.

아이를 재우고 나면 요즘 투자해놓은 자산을 점검한다. 펀드 수익률과 저축 이체 날짜 등을 체크하고, 네이버 금융에 들어가서 환율 및 유가, 금리, 국제 금과 구리 시세 등을 본다. 경제 강좌를 듣기도 하고 구독 중인 경제 유튜브를 보기도 한다. 나는 특히 독서를 중시한다. 『환율과 금리로 보는 앞으로 3년 경제전쟁의 미래』, 『ETF 투자의 신』, 『주식 투자 이렇게 쉬웠어?』, 『2020 부의 지각변동』, 좀 편협한 시각이긴 하지만 엄마가 추천해준 『일본인의 눈물』, 『자식들에게만 전해주는 재테크 비밀수첩』 등을 필기해가며 열심히 공부했다. 처음에는 경제의 흐름과 투자 노하우에 대한 공부를 중시했다. 그러나 시간이 갈수록 부의 마인드에 대한 공부가 중요함을 깨달았다. 그래서 매일 30분 이상 의식 도서를 읽으며 의식 확장에 시간을 쓴다. 내가 좋아하는 책은 『상상의 힘』, 『2억 빚을 진 내게 우주님이 가르쳐준 운이 풀리는 말버릇』, 『부의 비밀』, 『확신의 힘』, 『커피 한잔의 명상으로 10억을 번 사람들』, 『백만장자 시크릿』 등이다.

책에 좀 빠져들라치면 어느새 자정이 넘어갔다. 그래서 내가 내린 결론은 내 공부 시간을 확보하기 위해 저녁 차리는 시간을 더 줄이기로 했다. 반찬 가게는 이미 이용 중이다. 다행히 음식을 깔끔하고 맛있게 잘하는 반찬 가게가 집 앞에 있어서 큰 도움을 받고 있다. 그러나 퇴근 시간에 가면 나물류는 다 빠지고 없었다. '더 반찬', '집밥연구소' 등 몇몇 인터넷 반찬 업체를 이용한 적이 있었다. 반찬 업체는 처음 먹을 때는 맛있지만 금방 질려서 이제는 여러 군데를 돌려먹기로 했다. 최근에는 '마켓컬리'와 '오아시스'를 애용 중이다. 반조리 음식을 많이 사서 냉장고에 넣어두고, 과일, 참치, 스팸, 소시지, 냉동 볶음밥, 비비고 국 등을 떨어지지 않게 미리 사둔다. 영양보충은 음식 잘하는 남편이 오는 주말에 하기로 했다. 내가 핫딜 때마다 이런 음식들을 쟁여 놓으니 주말에 분리수거 하다 남편이 한마디 한다. "어디 전쟁 났어?" 그렇다. 나는 매일 전쟁 중인 독박 육아 워킹맘이다.

워킹맘에게 시간은 금쪽 같다. 가족의 저녁 식사를 잘 챙기다가는 나만의 자유시간과 미래를 위한 공부를 할 시간이 없다. 최대한 간단한 저녁을 차리고 시간을 아껴서 돈 공부를 하자. 직장 다니는 것만으로도 버겁고 힘들다는 거 나도 잘 안다. 그러나 직장은 우리의 노후를 책임져주지 않는다. 심지어 공무원인 나조차 내 직장을 믿지 않는다. 물가는 가파르게 상승하고 우리의 월급은 좀처럼 오르지 않는다. 돈 나갈 곳은 많지만, 직장에서 받는 월급으로는 우리 가족이 풍족한 생활을 할 수 없다. 그래서 나는 공부 중에 돈 공부의 중요성을 갈수록 느낀다.

5

워킹맘,
돈으로 시간을 사자

1849년 반체제혐의로 사형선고를 받은 어느 28세의 젊은 청년 사형수가 있었다. 사형을 집행하던 날, 형장에 도착한 그 사형수에게 마지막으로 5분의 시간이 주어졌다. 최후의 5분은 비록 짧았지만, 너무나 소중한 시간이었다. 나를 알고 있는 모든 이들에게 작별 기도를 하는 데 2분, 오늘까지 살게 해준 하나님께 감사하고, 곁에 있는 다른 사형수들에게 한마디씩 작별 인사를 나누는 데 2분, 나머지 1분은 눈에 보이는 자연의 아름다움과 지금 최후의 순간까지 서 있게 해준 땅에 감사하기로 마음을 먹었다. 자신에 대하여 돌이켜 보려는 순간,

'아~, 이제 3분 후면 내 인생도 끝이구나!' 하는 생각이 들자 눈앞이 캄캄해졌다.

지나가버린 28년이란 세월을 금쪽처럼 아껴 쓰지 못한 것이 정말 후회되었다.

"이제 1분 남았소!"

집행관이 마지막 1분이 남았음을 알렸다. 처음으로 느끼는 세상과 시간의 소중함에 눈물이 주르르 흘렀다.

"아, 살고 싶다…. 살고 싶다…. 조금만 더… 단 1초라도!"

바로 그때! "멈추시오! 황제의 명령이오!" 하고 기적적으로 한 병사가 달려와 사형 대신 유배를 보내라는 황제의 사형집행 중지 명령이 내렸다. 사형수는 바로 러시아의 대문호(大文豪) '도스토예프스키 (1821~1881)'이다. 이후 시베리아의 호된 4년간 수용소 유배 생활은 그 인생에서 가장 값진 시간이 되었고 혹한 속에서도 무려 50여 권이 넘는 창작물에 몰두하였다. 『죄와 벌』, 『카라마조프가의 형제들』, 『영원한 만남』 등 수많은 불후의 명작을 발표하였다.

이런 일화를 보면 시간의 소중함을 새삼 느낀다. 보통 사람들은 하루 24시간을 다람쥐 쳇바퀴처럼 직장을 다니며 열심히 산다. 그러나 너무나 바빠서 정작 내가 진정 원하는 일이 무엇인지, 중요한 일이 무엇인지 잘 알지 못한다.

나는 우리 집이 가난하다는 이유로 여상을 졸업해야 했으며, 또다시 가난하다는 이유를 대며, 대학교에 가지 않고 바로 취직을 해야만 했다. 하지만 가난을 핑계로 취직을 하고 나니, 시간이 지날수록 내가 정말로 원했던 삶이었나 싶은 생각이 들었다.

그런 후, 내가 인생을 살면서 내가 이루고 싶었던 꿈이 무엇인지 떠올렸다. 내가 이루고 싶었던 꿈은 '가난에서 탈출하기'였다. 하지만 단지 가난에서 벗어나는 삶이라는 것이 누군가의 인생에 꿈이 될 수 있나 싶은 생각이 문득 들었다.

내 인생에서 가난을 벗어나기만 한다면 그게 바로 꿈을 실현한 인생이 맞는 건가 하는 고민이 들었고, 그 고민의 결과 그것은 꿈과는 무관한 현실과의 타협이라는 결론이 들었다. 그 결론이 들고 난 후 '가난을 탈출하기'라는 꿈이 아닌, 정말로 내 인생을 위한 꿈을 만들어야 한다고 생각했다. 그리고 그 꿈과 관련된 일을 꼭 해야만 한다는 생각이 들었다.

그 생각을 계기로 나는 직장을 열심히 다니면서 동시에 자기 계발에 많은 시간을 쏟아야겠다는 생각이 들었다. 내가 자기 계발을 열심히 할수록 내가 정말로 원하는 꿈의 직업이 무엇인지 금방 파악할 수 있을 것이라는 생각이 들었기 때문이다. 그래서 나는 직장에서 받은 월급 중 일부를 모두 자기 계발비에 쓰기 시작했다.

나는 자기 계발비에 들어가는 돈을 아깝게 생각하지 않았다. 내가 투자하는 만큼 내가 원하는 것이 나에게 더 빨리 보일 것으로 생각했다. 그리고 내 꿈이 빨리 보인 만큼, 그 꿈을 위한 노력에 나의 많은 시간과 에너지를 쓸 수 있을 것이라는 생각에 무척 설레었다.

내 꿈을 찾는 과정 중 친구들을 만나는 것은 사치였다. 그만큼 나는 24시간이라는 시간이 부족하다고 느껴질 정도로 내 꿈을 찾는 데에 나의 모든 것을 다 쏟았다. 잠을 줄이고, 열심히 공부하며 그렇게 나의 에너지와 시간을 꿈이라는 것을 위해 사용했다. 그러던 중, 스타벅스에서 커피를 마시며 책을 읽고 있는데 문득 나의 심장이 뛰기 시작했다. 그리고 갑자기 내게 꿈이라는 것이 하늘에서 툭 떨어지는 것처럼 내 뇌리를 강하게 스쳐 지나가는 장면들이 보이기 시작했다.

그날 가슴 뛰던 스타벅스의 일은 이미 과거가 됐다. 그리고 그날, 나는 내가 그토록 원하던 꿈이 무엇인지 알 수 있었다. 많은 세월이 흐른 지금, 나는 지금 무엇을 하고 있을까? 여전히 가난에서 탈출하기라는 것을 꿈으로만 바라보는 그런 인생을 살고 있을까?

결론부터 말하자면 'No'다. 나는 더는 가난에서 탈출하기라는 목표를 바라보며 살지 않는다. 현재 나와 나의 배우자 김도사의 재산은 120억이 넘는다. 그토록 가난이 지긋지긋했던 내가, 몇 년이 흐른 후 어떻게 해서 100억이 넘는 자산가의 삶을 살고 있을까?

그것은 바로 내 꿈을 알고 난 후, 행동했기 때문이다. 내 꿈이 원하는 일을 이루기 위해 나는 처절하게 노력했고, 처절한 노력만큼 나는 내가 원하는 꿈의 일을 모두 다 이뤘다. 나는 그날 스타벅스에서 베스트셀러 작가가 되겠다는 강한 꿈을 얻었다. 그리고 그 꿈을 계기로 나는 작가의 삶을 선택했고, 나의 첫 번째 저서 『미친 꿈에 도전하라』를 통해 나는 베스트셀러가 될 수 있었다. 그리고 이 책 덕분에 나는 이화여대, 조선대, 목포여고 등 전국을 누리며 강연을 할 수 있었다.

나의 두 번째 꿈은 강연가가 되어 누군가에게 나의 지혜와 경험을 들려주는 것이었다. 그것 또한 나의 첫 번째 책을 계기로 이미 꿈이 이뤄진 것이다. 만일 내가 나의 꿈을 실현하기 위해 작가라는 일을 선택하지 않았다면 내가 누군가에게 강연할 수 있었을까?

아마 불가능했을 것이다. 내가 누군가에게 강연하고, 내가 베스트셀러 작가가 될 수 있었던 이유는 오직 꿈과 관련된 일을 했기 때문이다. 그 꿈을 향해 시간을 투자했기 때문에, 나는 지금도 나의 꿈과 관련된 일을 행복하게 계속할 수 있는 것이다.

부자들은 돈보다 시간을 더 귀하게 여긴다. 돈은 벌 수 있지만, 시간은 결코 더 늘릴 수 없기 때문이다. 가난한 사람들은 시간보다 돈을 더 귀하게 생각하는 경향이 짙다. 경제적으로 쪼들리기 때문에 시간을 팔게 된다. 당장의 식비, 자녀 교육비, 대출금, 각종 세금 등을 마련하기 위해 단 한 번뿐인 인생을 적은 돈을 버는 데 소비하는 것이다. 반면 부자들은 당장 비용이 발생하더라도 대체 가능한 일은 전문가에게 맡기고, 절약한 시간에 나만이 할 수 있는 일에 주력한다. 그러니 부자들은 더 큰 가치를 창출하고 큰돈을 번다. "빈익빈 부익부" 현상이 생기는 것이다.

지금 나는 베스트셀러 작가, 〈위닝북스〉의 대표, 〈한국석세스라이프스쿨〉의 대표, 〈한책협〉의 운영자로서 매우 바쁜 아이 셋, 워킹맘이다. 평소 입주 가사도우미와 베이비시터를 두어서 가정일과 육아에 큰 도움을 받고 있다. 우리 집은 최근 70평에서 100평 펜트하우스로 이사를 했다. 이사 당시 나는 너무나 바빠서 집 정리를 할 시간이 없었다. 급하게 정리 정돈 업체를 알아봤다. 시간당 2만 원에 바구니, 옷걸이 등을 새로 가져왔고, 분류 후 라벨링까지 해주었다. 처음에는 옷 방만 맡겼는데, 정리된 것을 보고 감동했다. 절대 내가 온종일 해내도 할 수 없는 정리정돈의 끝판왕이었다. 그 후 아이들 방과 창고까지 맡겼다. 전문가들이 내 집을 완벽하게 정리해 주는 동안 나는 내 업무를 여유롭게 잘 해낼 수 있었다. 업무에 몰입한 만큼 나의 수익은 더 늘어났다.

워킹맘은 시간이 늘 부족하다. 먼저 나의 인생에서 우선순위를 적어보자. 육아와 가사일, 나의 꿈의 균형을 찾아보자. 하루는 누구나 24시간이므로 이 모든 일을 100% 완벽하게 할 수는 없다. 그렇다면 워킹맘의 장점인 돈을 이용해서 시간을 벌자. 그 시간을 활용해서 내 아이에게 더 사랑을 쏟을 수도 있다. 또 나의 꿈을 위해 자기 계발을 할 수도 있다. 또, 재충전할 수도 있다. 엄마의 인생이 행복해야 내 아이들과 가정이 행복해진다. 돈보다 시간의 소중함을 알고, 시간을 잘 활용하자. 내 인생의 행복지수와 내 능력도 향상될 것이다.

6

이 세상 최고의 투자 종목은
바로 나 자신이다

아주아주 옛날, 부글부글 끓고 있는 화산 근처에서 공룡올림픽이 열렸
어요. 빠르고 힘센 공룡들이 모두 참가했지요. 꼬마 공룡 투투도 올림픽
에 나왔어요. 투투는 자신감이 넘쳤어요. "누구도 나를 이길 수는 없을
거야. 난 최고니까!" 첫 번째 경기는 장애물 넘기였어요. 투투는 가벼운
마음으로 출발선에 섰지요. 공룡들이 쏜살같이 달려나갔어요. 그런데 투
투는 양말이 홀랑 벗어져서 꽈당 넘어지고 말았어요. 하지만 투투는 얼
른 일어섰어요. 펄쩍펄쩍 장애물을 넘으며 빠르게 달렸지요. '내가 이겼
다!'라고 투투가 생각한 바로 그때, 맥스가 바람처럼 달려와 결승선을 통
과했어요. 두 번째 경기는 수영이었어요. 투투는 수영을 배운 적이 없었
지만, 그래도 자신 있었어요. "어푸! 어푸!" 투투는 팔에 튜브를 끼운 채
팔다리를 휘저으며 열심히 헤엄쳤어요. 그런데 네시와 부기가 투투의 얼

굴에 첨벙첨벙 물을 튀기며 앞질렀어요. 디플로가 긴 목을 쭈욱 내밀어 1등을 했고, 투투는 꼴찌로 들어왔지요. 세 번째 경기는 축구였어요. "이번에는 꼭 이길 거야." 투투는 힘차게 공을 차며 앞으로 나아갔어요. 그런데 그때, 안킬로가 투투의 발을 꾹 밟았어요. 그러자 투투가 울음을 터뜨렸어요. "나 안 해!" 심통이 난 투투는 돌멩이를 툭툭 걷어찼어요, 꽃줄기도 마구 잡아당겼지요. 그러고는 못마땅한 표정으로 앉아 무심코 하늘을 올려다보았어요. "헉!" 투투는 하늘에서 커다란 불덩어리가 떨어지는 것을 보았어요. 그건 별똥별이었지요. "어서 모두에게 알려야 해!" 투투는 공룡들에게 달려갔어요. "모두 도망가! 커다란 별똥별이 떨어지고 있어!" 공룡들은 하늘을 올려다봤어요. 활활 불타는 별똥별이 떨어지고 있었어요. 투투와 공룡들은 겁에 질려 우르르 달아났어요. 쿵쿵 쾅쾅! 공룡들이 한꺼번에 내달리자 천둥 같은 소리가 울리며 땅이 흔들렸지요. 벌떡 일어난 투투는 쓰러진 나무를 보았어요. "그래, 이거야!" 투투는 두 손으로 나무를 꽉 쥐었어요. 그리고 별똥별을 정확히 받아쳤어요. "와! 투투 덕분에 살았어! 투투가 최고야!" 공룡들이 투투의 이름을 소리 높여 불렀어요. 그때, 투투에게 놀라운 생각이 떠올랐지요. "엄마! 이것 좀 보세요. 제가 새로운 경기를 만들었어요. 이건 정말 제가 최고에요!" 투투는 최고의 타자가 되었습니다.

『투투와 공룡올림픽』에 대한 동화이다. 좌절을 극복하고 자신만의 달란트를 찾아 최고가 된 투투. 투투는 도전하고 좌절하는 과정 중에 자기 자신의 재능을 찾은 멋진 성공자이다.

20대 중반의 힘든 시절에 나는 종종 '내 인생에 기적이란 것이 있을까?'라는 의문이 들었다. 당시 호주 시드니 호스텔에서 생활할 때였다. 다양한 경험을 하고 멋지게 돌아오겠다고 다짐하곤 무작정 한국을 떠난 뒤 1년가량이 지난 시점이었다. 내가 일했던 호스텔은 시드니의 중심 오페라 하우스와 하버 브리지가 내다보이는 곳에 있었는데 그것을 내려다볼 때면 우울해지곤 했다. 나는 멋지고 화려한 도시 내에 있었지만, 현실은 말 한마디 통하지 않는 곳에서 외로움에 절어 있었다.

그러나 속 모르는 한국 친구들은 아주 멋진 곳에서 외국인 친구들과 지내고 멋진 여행을 해서 좋겠다고 말하곤 했다. 그런데도 나는 1년간 더 그 호스텔에 붙어 있었다. 이루어놓은 게 없었기 때문이다. 그렇다고 한국에 전화해서 지금의 형편을 이야기할 용기도 없었다. 지인들의 반대에도 큰소리를 치며 당당히 이루어내서 돌아오겠다며 그들을 매정하게 뿌리치고 왔기 때문이다.

나는 처음 6개월가량 베이비시터로 일하고 그 가정집을 나와버렸다. 그리고 다른 일을 알아보다 호스텔에 머물면서 일하는 길을 택했다. 당시 언어도 되지 않는 내가 추가로 얻은 일은 라벨링 작업이었다. 새벽 5시에 잘 뜨이지 않는 눈을 비비며 대충 세수를 하고 6시까지 창고로 나갔다. 창고는 여행 자금을 마련하기 위해 일거리를 찾아 나온 여행객들로 북적거렸다.

그 당시 주로 했던 일이 와인, 맥주, 샴페인 등의 병에다 고객이 주문한 스티커를 부착해 다시 상자에 담는 일이었다. 여덟 시간 이상을 서서 일해야 했다. 현장에서는 다양한 일을 지시하는 직원들의 이해할 수 없는 영어가 나를 더욱더 힘들게 했다. 그때 나는 어떤 표현도 제대로 하지 못해 자존심을 구겨가며 일하면서도 내심 '반드시 해내서 돌아갈 테다.' 하고 이를 악물었다. 그렇게 버텨냈다.

내 인생에서 가장 우울하고 외롭던 그 시절, 내가 실천했던 것은 세 가지였다.

첫째, 꿈과 목표를 종이에 적어서 눈에 잘 띄는 곳에 붙여두기
둘째, 꿈을 이룬 모습을 생생하게 상상하기
셋째, 매일 자기 계발서 읽기

이 세 가지가 가장 힘들었던 시기를 버티게 해준 힘이었다. 반드시 20

대의 롤 모델로서 동기부여가가 되겠다는 꿈을 설정하고 그 꿈을 실현하기 위해 매일 성장하겠다는 목표를 정했다. 그리고 내가 바라는 꿈과 목표를 종이에 적어서 호스텔 8인실 벽에다 붙여 두었다. 매일 그 종이를 바라보면서 스스로 되뇌고 외쳤다. 어떤 날은 한국어로 크게 외치고 혼자 미소 짓기도 했다. 혼자만 즐길 수 있는 유일한 재미였다.

나는 호스텔 일과 라벨링 작업을 하면서 영어를 본격적으로 배우기 시작했다. 그리고 여러 친구들의 도움과 나의 간절한 노력으로 꿈에 그리던 호스텔 현지 매니저가 되고, 창고 라벨링에 대한 의견까지 낼 정도로 영어 수준을 향상할 수 있었다. 나를 타지에서의 외로움에서 벗어나게 해준 귀인이 있다. 당시 존은 사계절 중 여름이 되면 성수기를 맞는, 내가 묵고 있는 호스텔로 와서 일하는 고정 직원이었다. 1년 중 6개월은 남아메리카, 아시아 등지에서 여행을 즐기고, 자금 마련을 위해 6개월은 여기에 머문다고 했다. 그렇게 지낸 지 만 10년이 되었다고 했다. 영어가 모국어인 영국인이지만 그는 청소하는 일을 무척이나 좋아했고, 그 일에서도 완벽함을 뽐내 나름 감탄케 했다. 외국인 노동자라는 나의 자격지심에 제대로 일격을 가한 것이다. 그도 하는데, 영어도 못 하는 내가 청소 일을 하찮게 여기고 있었기 때문이다. 그렇게 나와 그는 세상에 둘도 없는 친구가 되었다. 그 이후로 나는 새벽 5시에 일어나는 일이 세상에서 가장 즐거운 일이 되었다. 존을 만나 함께 라벨링 작업을 하고, 점심 도

시락을 먹고, 버스를 타고 와서 청소하는 일이 가장 의미 있는 일이 되어 버린 것이다. 물론 그와 함께하니 나의 영어 실력은 일취월장했고, 그는 늘 최고의 영어 실력을 원하는 나를 위해 최고의 선생님이 되었다.

나는 기적은 기적처럼 오지 않는다는 것을 누구보다 잘 알고 있다. 세상의 그 어떤 성공도 하루아침에 이루어진 것은 없다. 언뜻 보면 운이 좋아 실현된 것 같은데 그 일면을 들여다보면 그 사람의 눈물과 노력, 도전의 흔적들이 묻어 있다. 내 인생을 돌아보아도 꿈을 향해 도전하고, 노력하고, 인내할 때 조금씩 성공의 문이 열리기 시작했다는 것을 알 수 있다.

지금은 전 국민이 재테크에 관심이 많다. 요즘은 초등학교 저학년부터 주식 투자를 배운다고 한다. 대부분의 사람들이 어느 종목에 투자하는 것이 나은지, 투자 방법은 무엇인지? 산신령이라도 나타나서 비법서를 전수해주기를 바란다. 그러다가 누군가가 '너에게만 알려 준다.'라며 귀뜸해준 종목을 믿고 투자했다가 손해를 보면 남 탓하기 바쁘다. 돈을 투자해서 실패하기 싫은가? 그렇다면 절대 실패하지 않는 투자 종목이 있다. 바로 나 자신이다. 아무리 돈이 없어도 수입의 일정 부분은 내 꿈을 위해 투자하자. 내 능력이 향상된 만큼 내 몸값은 더 올라가고, 그 결과 성공이라는 큰 수익으로 돌아올 것이다.

내 가사 노동의 구세주,
가전 4종 세트

"키 64.7cm, 몸무게 7.4kg로 키는 13%, 몸무게 25%. 발달, 발육 양호하나 4개월 이후 체중 증가 주춤하니 수유 양을 늘리고 이유식 시작하세요."

아이 4개월 때 영유아 검진 후 의사 선생님의 소견이었다. 바로 이유식 장비를 사고 야심차게 시작했지만 아이는 통 먹지를 않았다.

그 뒤 나는 소아과만 가면 의사 선생님에게 하소연했다.

"선생님. 애가 너무 안 먹어요."
"어머니. 저도 그 맘 잘 알아요. 우리 아이들이 초등학생인데요, 제 소원이 우리 아이들이 밥 잘 먹는 거 딱 그거 하나랍니다. 저도 점심 때 집에 들러서 아이들 간식 챙기고 다시 병원 와요."

사람 좋은 소아과 여자 원장님은 나의 하소연을 잘 들어주며 공감해주었다.

영유아 검진만 하러 가면 내 성적표를 받는 양, 긴장되고 스트레스 받았다. 아마 안 먹거나 너무 먹는 아이의 엄마라면 공감할 것이다. 마르고 키 작은 내 아이를 보면 다 내 탓인 거 같아 울적했다. 이유식 책도 사고, 레시피를 엄청 검색하다가 '밥솥 이유식'이라는 것을 발견했다. 수동 압력밥솥에 이것저것 좋다는 건 다 때려 넣고, 푹 끓이면 되는 것이었다. 맛이 구수해서 아이도 예전보다는 잘 먹었다.

"아…. 이 설거지 언제 다하지?"
"뭐 만든 것도 없는데 이게 다 뭐야."

난장판이 된 싱크대를 바라보며 나도 모르게 한숨이 내쉬어졌다. 식기 세척기라는 게 있다는데 나도 사볼까? 비싸다는데 내가 살 수 있을까? 그날부터 애 이유식을 만들고 나면 식기 세척기 검색은 나의 육아 힐링이었다. 뭐에 꽂히면 끝장을 보는 성격이라 몇 날 며칠을 검색하고, 노트에 적어서 비교, 분석하기 시작했다. 6인용, 8인용, 12인용, LG, 삼성, 외국 브랜드. 가격은 천차만별이었다. 12인용에 대한 평가가 가장 좋았다. 냄비와 프라이팬 등까지 넣으려면 12인용이 최고라고 했다. 나는 늘 가성비를 중시하므로 열심히 알아보다가 '동양매직 식기 세척기'를 50만 원선에 구입할 수 있는 특판 카페를 발견했다. 당시 12인용 식기 세척기는 100만 원은 훌쩍 넘었기 때문이다. 곧 설거지에서 해방될 상상에 기분이 너무 좋았다. 23평 아파트의 좁은 싱크대를 보며 어디에다 설치할지 여기저기 둘러보며 콧노래가 나왔다. 퇴근한 남편에게 식기 세척기 이야기를 했다.

"오빠! 나 식기 세척기 사려구~."
"식기 세척기? 식구가 3명뿐인데 왜 사?"

갑자기 화가 몰려온다. 설거지도 안 하는 주제에 뭐라고? 이건 싸우자는 선전포고다.

"애 이유식 만들어봤어? 설거지가 얼마나 많은지 당신이 알아?"
"돈이 어딨어? 그리고 곧 돌아가신 어머님 이천 호국원으로 이장 문제 때문에 머리 아프다구. 사더라도 이장 이후에 사. 큰일 앞두고 물건 들이는 거 아니야."

'이게 무슨 외계어 동문서답이란 말인가? 이 사람은 대체 어느 시대 사람인 거지? 내가 식기 세척기를 사면 돌아가신 어머님이 호국원에 들어가시는 데 문제가 생긴다고?'

어디서 이런 고대 유물을 건져서 결혼한 건지 나 자신이 한심스러웠다. 그날 이후로 나는 필요한 게 있으면 남편에게 말하지 말고 그냥 사야 한다는 것을 깨달았다. 식기 세척기는 정말 신세계였다. 돌리지 않아도 바라만 봐도 힐링 그 자체였다. 특히 설거지 거리가 많은 제삿날에는 빛을 발했다. 싱크대에 설거지가 수북이 쌓여도 전혀 스트레스를 받지 않았다. 그냥 헹궈서 식기 세척기에 넣으면 끝이었다. 식기 세척기는 '가전은 사랑'이라는 것을 처음 경험하게 해준 신문물이었다.

어느덧 육아 휴직이 끝나가고 복직하는 날이 다가왔다. 남편 따라 타지에 와서 외롭게 아이를 키웠다. 두 돌이 지나서 어린이집 보내고 살 만했는데, 이제는 또 타지로, 그것도 남편 없이 독박 육아 워킹맘이 되는 날이 다가오는 것이었다. '아⋯. 내 팔자는 왜 맨날 연고 없는 곳으로 돌아다닐까? 내가 전생에 무슨 죄를 지었을까? 일하면서 혼자 아이 키울 수 있을까?' 달력을 보며 신세 한탄에 잠겼다. 마치 도살장에 끌려가는 소 같은 심정이었다. 게다가 인천에 집도 새로 구해야 하는 상황이었다. '그만두고 싶다.' 서럽고 막막했다. 그래도 죽으라는 법은 없는지 복직하고 어찌어찌 하루하루가 지나갔다.

어느 날, 퇴근 후 집 청소를 하는데 숨이 턱 막혀왔다. 안 되겠다 싶어서 나는 로봇청소기를 알아보기 시작했다. 'LG 로보킹'이 튼튼하고 후기가 좋아서 사고 싶었다. 그런데 가격이 너무나 비싸서 포기하고 있다가 '단후이 로봇청소기'로 결정했다. 20만 원대였고 후기도 참 좋았다. 단후이를 들인 후 청소에 대한 스트레스가 조금씩 줄어들었다. 그러나 가격이 저렴한지라 똑똑한 편은 아니었다. 한 번 청소한 곳만 자꾸 뱅뱅 돌아서 한 번씩 가서 들어서 다른 데로 옮겨주는 수고가 필요했다. 외동인 내 아들은 단후이를 장난감 삼아 단후이 위에 장난감도 올려놓고, 단후이를 피해서 도망 다니며 놀기도 했다. '단이'라고 별명도 지어주었다. 한참 잘 쓰던 어느 날 단이의 걸레질이 마음에 안 들었다. 단이는 걸레를 끌고만 다니는 물 칠 수준이었다. 나는 청소는 걸레질이 제일 중요하다고 생각한다. 빡빡 닦는 게 중요한데 물 칠만 하고 다니니 마음에 안 들었다. 때마침 '에브리봇'이라는 걸레 로봇이 한참 유행이었다. 역시 핫딜을 기다렸다가 샀더니 가격도 마음에 들었다. 그 후로 나는 걸레질에서 해방되었다. 한 번 가전의 빛을 본 뒤로 이제는 가전제품을 사는데 가성비 제품을 찾을 뿐, 망설이지 않는다.

주말 오전, 거실 매트를 접어서 걸레질할 경계를 만들어놓고 에브리봇을 돌리고는 매트에 누워 있었다.

"와우~. 아주 팔자가 좋으십니다."

주말에 남편이 아이와 잠시 마트에 다녀와서 놀렸다.

"맞아. 내 좋은 팔자는 내가 만들었지."
"남편보다 에브리봇이 더 좋지?"
"나를 도와주는 구세주랑 지금 비교하는 거야?"
"준우야아~. 엄마가 우리보다 에브리봇이 더 좋대!"

　그 뒤 여름에 너무나 습해서 건조기를 들였다. 이제 우리나라는 동남
아 날씨처럼 습도가 높은 터라 건조기는 필수이다. 이 역시 엄청난 검색
과 고민 끝에 가성비 좋은 영국제 '화이트나이트'로 들였다. 나는 50만 원
에 샀는데 지금은 더 싸서 속은 쓰리지만, 그동안 잘 썼으니 후회는 없
다. 전기 코드 식이라 늘 이사를 준비하는 우리 집에 딱 맞았다. 단 에너
지 등급이 좋지는 않다는 단점이 있다. 그러나 나는 습한 날씨에만 돌려
서 전기세도 별로 나오지 않았다. 특히 이불 빨래 후 건조기에 넣을 때,
먼지 거름망에 먼지가 수북이 나올 때 쾌감을 느꼈다.

궁즉통(窮則通)이라. 궁하면 통하게 마련이다. '식기 세척기, 단후이, 에브리봇, 건조기'는 나의 가사 노동 구세주 가전 4종 세트이다. "하늘은 스스로 돕는 자를 돕는다."라고 했다. 퇴근하고 육아와 살림에 바쁜 워킹맘들에게 도우미는 필수이다. 나는 가전제품을 들이고부터는 살림 스트레스가 많이 줄어들었다. 가사도우미를 쓰면 더욱 좋겠지만, 아쉬운 대로 가전 4종 세트 도우미를 강력 추천한다.

8

푼돈의 위대함을
빨리 깨닫자

아기 돼지 삼 형제가 엄마 돼지와 함께 살고 있었다. 어느 날 엄마 돼지는 삼 형제에게 이제 다 컸으니 너희끼리 나가 살라고 말했다. 첫째 돼지는 게을러서 짚으로 얼기설기 후다닥 집을 짓고, 둘째 돼지는 뚱보여서 나무로 대충 집을 지었다. 셋째 돼지는 부지런해서 벽돌로 하루 동안 열심히 지었다. 어느 날 배고픈 늑대가 나타났다.

늑대는 첫째 돼지가 지은 집을 입김과 콧김을 이용해서 날려버렸다. 둘째 돼지 집에 간 늑대는 역시 입김과 콧김으로 집을 부숴버렸다. 첫째와 둘째는 셋째 집으로 도망갔다. 셋째 집은 늑대가 입으로 혹 바람을 불어도 날아가지 않았다. 아무리 콧김을 세게 불어도 끄떡도 없었다. 늑대는 화가 나서 굴뚝으로 들어갔다. 늑대는 셋째 돼지가 펄펄 끓인 가마솥에 빠져 "걸음아, 나 살려라."하고 도망갔다. 아기 돼지 삼 형제는 튼튼한 벽돌집을 짓고 행복하게 살았다.

당신은 평소 어떤 돼지에 속하는가? 똑같은 조건에서 가장 튼튼한 집을 지은 셋째 돼지를 모두들 인정하고 부러워할 것이다. 나는 첫째와 둘째 돼지가 딱히 게을러서라기보다 목적의식이 없어서라고 생각한다. 목표가 없으면 대충 편안한 길로 가고자 하는 것이 당연한 심리이다. 셋째 돼지는 튼튼한 벽돌집을 짓기까지 어려움은 없었을까? 아마도 이미 집을 다 짓고 편안히 쉬고 있는 첫째와 둘째가 부러웠을 것이다. 그러나 셋째 돼지는 당장의 편안함보다 튼튼한 집을 짓겠다는 계획이 마음속에 먼저 있었을 것이다.

내 나이 40대 중반이 되어가니 목표, 인내, 노력이 참 중요한 것이로구나 싶다. 나는 『삼국지』를 좋아해서 소설 『삼국지』, 만화 『삼국지』, 게임까지 두루 섭렵했다. 『삼국지』에서 좋아했던 인물은 제갈공명과 방통, 사마의, 주유, 육손, 서서 등이었다. 하나같이 당대의 천재 지략가들이다. 낙봉파(落鳳坡)에서 봉추(鳳雛) 방통이 유비가 선물한 적로마에서 낙마했을 때 가슴이 아렸다. 방통만 죽지 않았다면 와룡과 봉추를 얻은 유비가 위나라를 공격해서 천하 통일을 이루었을 텐데 아쉬웠다.

나는 내가 타고난 재능이 하나도 없다는 생각에 늘 천재를 동경했다. 무슨 일을 하건 나는 머리도 나쁘고 타고난 재능이 하나도 없다고 생각했다. 그래서 남들보다 몇 배는 노력해야 남들만큼 결과가 나온다고 생각했다. '내가 머리만 좋았다면 더 좋은 결과가 있었을 거야.' 하며 노력보다는 핑계를 대는 부정적인 마인드였다. 세월이 흐르며 장애도 없이 건강하게 태어난 것만으로도 감사함이 생겼다. 또한, 내가 그간 편안한 길만 추구했고, 목표 의식 없이 안일하게 살았다는 것을 깨달았다.

요즘은 『삼국지』의 천재들보다 주군을 위해 목숨을 바친 조자룡이나 관우의 한결같은 마음이 더 멋지다. 물론 제갈량, 방통 등도 주군을 위해 목숨을 바치긴 했지만 말이다. 예전에는 머리 좋은 것만 최고로 치다가 이제 다른 재능들이 눈에 보이나 보다. 그리고 타고난 유전자보다 인내와 노력이 더 훌륭한 재능으로 느껴진다. 학교에서도 공부 잘하는 아이보다 인성 바르고 일상생활에 꾸준한 아이들을 보면 희망이 샘솟는다. "너는 크게 될 학생이구나." 하며 안팎으로 축복을 해준다.

"눈앞의 100달러 벌기보다 호주머니의 1달러를 아껴라."

– 워런 버핏

『워런 버핏, 마음이 따뜻한 부자가 되다』라는 책을 쓴 톤 레이놀즈는 워런 버핏에 대해 다음과 같이 말했다.

세계 최고 부자 워런 버핏에게 없는 것은 3가지가 있다. 그는 경호원이 없고, 운전기사가 없고, 집 관리인이 없다. 버핏은 자신에게 필요한 것이 아니라면 사치라고 생각한다. 오마하 사람들이 그를 좋아하는 이유는 그가 부자티를 절대로 내지 않기 때문이다.

워런 버핏은 지금도 한국 돈으로 6억 원 정도 되는 아파트에서 살면서 일주일에 2번은 동네에서 6달러짜리 햄버거로 점심을 먹는 슈퍼 짠돌이이다. 지금도 그는 고향 오마하에서 살면서 12달러로 미용실에서 이발하고, 20달러도 안 되는 스테이크를 즐겨 먹는다고 한다. 어느 정도 푼돈을 아끼느냐면 밥 한 끼를 잘 사지 않는 편이고, 오히려 큰돈을 쓰는 편이다. 이렇듯 흔히 말하는 자수성가 부자들의 공통점 중 하나가 바로 "푼돈을 아낀다."이다. 나는 워런 버핏이 짠돌이라는 느낌보다는 돈에 대한 철학이 존경스럽다. 푼돈을 모아 목돈을 만들어서 가치 있는 곳에는 망설이지 않고 쓰는 워런 버핏. 돈에 대한 부자 마인드가 엿보인다.

보통 나 같은 월급쟁이들에게 돈을 모은다는 것은 어려운 일이다. 평소의 생활 습관을 점검하고 그 속에서 절약이라는 실천을 해야 가능하다. 소비 습관이란 것은 웬만큼 의식하지 않고서는 바꾸기 어렵다. "티끌 모아 태산"이라는 말이 있다. 태산이 이루어지려면 우선 티끌같이 작은 푼돈부터 모아야 한다. 그러려면 먼저 돈을 모으고 싶은 이유를 정해야 한다. 목적의식이 명확하지 않으면 머지않아 첫째와 둘째 돼지처럼 편안한 길을 가게 된다.

예전에 TV에서 가수 윤도현이 한 말이 기억난다.

"윤도현 씨는 무명시절이 길었는데, 힘들지 않으셨나요?"
"사람들이 제가 무명시절 때 많이 힘들지 않았냐고 많이들 물어봅니다. 저는 전혀 힘들지 않았습니다. 제가 하고 싶은 일을 하는데 왜 힘이 들겠어요? 저는 늘 꿈을 향해 나아가는 중이었습니다."

나는 돈 모으기도 마찬가지라고 생각한다. 우리는 꿈을 위해 돈을 모은다. 통장에 쌓이는 잔고를 바라보며 꿈을 꾼다. "이 돈으로 가족 여행을 갈 수 있겠지?", "이 돈으로 우리 아빠 병원비를 보탤 수 있겠지?", "이 돈으로 내 아이의 등록금을 낼 수 있겠지?" 등 차곡차곡 쌓이는 통장 잔고에서 삶의 희망을 본다. 그래서 푼돈을 모은다는 것은 꿈을 향해 나아가는 과정이다.

'코이의 법칙'을 들어본 적이 있는가?

비단잉어 중에 '코이'라는 물고기가 있다. 작은 어항에서 키우면 다

자라도 5~8cm 정도 밖에 되지 않지만, 수족관이나 작은 연못에서는 15~25cm까지 자라고, 큰 강물에서는 1m 이상 자란다고 한다. 즉 같은 물고기라도 어항에서 기르면 피라미가 되고, 강물에서 기르면 대어가 된다. 코이가 환경에 따라 성장하는 크기가 달라지듯이 사람도 생각이나 주변 환경에 따라서 능력이 달라질 수도 있다. 푼돈도 마찬가지이다. 사람의 꿈의 크기에 따라 같은 푼돈도 시간이 흐르면 어느 집은 100만 원, 1000만 원, 1억, 10억 등 목돈의 규모가 달라진다.

부자가 되고 싶다면, 먼저 돈에 대한 부자 마인드부터 갖자. 티끌 모아 태산이 된다. 큰 부자의 결과만 부러워하지 말고, 그들의 숨은 노력을 보자. 나의 꿈과 목표를 명확히 하자. 뚜렷한 목표를 갖고 돈을 모으는 사람은 많지 않다. 그래서 많은 사람들이 종잣돈을 모으려다 중도에 포기한다. 목표가 명확하다면 푼돈을 모으는 수많은 난관들이 꿈을 향해 한 발짝씩 다가가는 행복으로 느껴질 것이다. 먼저 푼돈의 위력부터 깨닫고, 오늘부터 내 꿈을 정해서 조금씩 나아가자.

3장

독박 육아 워킹맘의
8가지 재테크 습관

지금 당장
외화예금통장을 만들자

어느 날 우물 안에 사는 개구리 으뜸이와 버금이가 우물 빨리 돌기 시합을 했다. 나그네새가 그 모습을 보고 "좁디좁은 우물 안에서 우쭐대기는! 세상에 너희보다 헤엄을 잘 치는 동물이 얼마나 많은데!"라고 비웃었다. 그 이야기를 들은 으뜸이는 바깥세상이 궁금했다. 그러나 버금이는 위험한 동물이 많을 거라며 나갈 생각이 없었다. 결국 으뜸이 혼자서 바깥세상 여행을 떠났다.

냇물에서는 으뜸이보다 빨리 헤엄치는 개구리도 만나고, 개구리를 잡아먹는 황새도 만났다. 냇물을 따라가다 호수에서는 나비를 만나 넓디넓은 바다에 대해서도, 가장 큰 동물 고래에 관한 이야기도 들었다. 으뜸이는 바다에 가서 고래를 만나고 싶었다. 결국 바다에 가서 고래를 만난 으뜸이는 고래 등에 올라타 세계 온갖 곳을 돌아다녔다. 눈 덮인 산도 보고, 밀림도 보고, 사막도 보고, 온갖 동물들도 보았다.

세계를 돌아다니면서 무척 강해진 으뜸이는 버금이가 보고 싶어 다시 우물로 돌아왔다. 그리고 버금이에게 그동안 겪은 일을 이야기하며, 같이 밖에 나가자고 했다. 하지만 버금이는 "우물 안 개구리라고 비웃고 놀려도 난 떠나지 않을 테야. 난 우물이 좋아." 하고 우물에 남았다.

모두 알고 있는 『우물 안의 개구리』 이야기다. 당신은 으뜸이인가? 버금이인가?

자신이 있는 곳이 우물인 것을 인식을 못 하면 버금이임에도 스스로 으뜸이라고 생각할 수도 있다. 나 역시 내가 나름 으뜸이인 걸로 착각하며 살았다.

나는 복직하고 6개월 뒤부터 돈을 모으기 시작해서 어느 순간 강제 저축이 정착되었다. 매달 일부러 퇴근길에 신협과 새마을금고를 들러서 통장 정리를 하는 취미 생활이 생겼다. 인터넷뱅킹으로 보면 다 나와 있는 금액이었지만, 직접 통장을 정리해서 통장에 찍힌 숫자를 보는 것이 참 좋았다. 통장을 바라보면 밥을 안 먹어도 배부른 느낌이었다. 자린고비가 굴비를 천장에 매달아놓고 밥 한술 뜨고 굴비 한 번 쳐다보고 반찬을 대신했다는 이야기가 충분히 이해가 되었다. 저축은행도 5천만 원까지는 예금자 보호가 되므로 비대면 서비스를 이용해서 이자가 조금이라도 높은 곳에 넣어두었다. 그런데 금리가 낮으니 저축을 열심히 해도 이자가 터무니없이 낮았다. 매달 돈이 모이고 나니 새로운 욕심이 생긴 것이다. "금리가 좀 높은 예·적금은 없을까?" 투자하기에는 아직 종잣돈이 모자랐고, 투자에 관한 공부도 미흡한지라 그 당시에 나는 안전 자산인 저축에만 온통 관심이 집중되어 있었다.

그러던 어느 날 경제 강좌를 수강하다가 '외화예금통장'에 대한 정보를 듣게 되었다. 외화가 쌀 때 사서 비쌀 때 되팔아 환차익을 얻는 환테크(환율+재테크)였다. 외화예금은 경제 위기 때 큰 수익을 얻을 수 있는 기축통화인 달러가 가장 적합했다. 달러는 통화 중 최고의 가치를 지닌 안전 자산이어서 경제 위기 때 폭등한다. 우리나라 외환위기인 IMF를 겪으며 전 국민이 학습한 바 있다. 환차익은 완전 비과세이므로 많은 수익이 있어도 세금을 한 푼도 내지 않는다. 단, 외화예금에 붙는 이자는 15.4% 과세하지만, 외화통장에서 이자수익을 기대하며 가입하는 것은 무의미할 정도로 이자가 미미하다. 1인당 5,000만 원까지 예금자 보호도 받을 수 있다. 아무 때나 투자하고 팔아서 환차손을 입는 것만 주의한다면 충분히 매력적인 재테크였다. 나는 외화예금통장에 관한 공부를 하며 "세상에 돈 벌 곳은 눈을 돌리면 많구나."를 느꼈다. 무지로 인해 국내 저축만을 고집한 내가 참 우스웠다. 나는 우물 안 개구리였다.

'와타나베 부인 신드롬'이라는 말을 들어봤는가? 와타나베 부인은 한국의 킴스클럽처럼 일본의 흔한 성의 유부녀를 일컫는 말이다. 와타나베 부인은 남편이 벌어다 주는 월급으로 외환거래에 뛰어들어 해외의 고금리 자산에 투자하는 일본 주부 외환 투자자들이다. 일본의 버블 경제 붕괴 시기 이후 장기적인 불황과 은행의 저금리가 지속하자 일본 주부들은 'FX 마진 거래'에 눈을 돌리기 시작했다. 'FX 마진 거래(foreign exchange margin trading)'란, 일정액의 증거금(증거금률은 2%에서 2009년 9월 5%, 2012년 3월 10%로 인상)을 국내 선물회사나 중개업체에 맡겨두고 특정 해외 통화의 변동성을 예측해 두 종류의 통화를 동시에 사고파는 방식의 외환 선물 거래이다. 예를 들어 가치가 오를 것이라 예상되는 달러를 사는 동시에 가치가 떨어질 것으로 보이는 일본 엔화를 매도하는 것이다.

저금리가 심화되기 시작한 2000년부터 와타나베 부인들은 공격적인 해외 투자에 나서면서 FX 마진 거래와 미국 정크 본드, 신흥국 통화 등 위험자산에 과감하게 베팅한 바 있다. 2007년 도쿄 외환시장 거래량의 30%가 와타나베 부인이라고 말할 정도로 국제 금융시장의 큰손이 되었다. 즉, 소액의 증거금으로 레버리지를 활용, 국제금융시장에 직접 투자하였다. 그러나 엔화가 1985년 플라자합의 이후 100엔까지 떨어졌다. 해외에 투자된 돈이 1/3로 쪼그라든 것이다. 이 때문에 거래에 뛰어든 일본 개인투자자의 80% 이상이 손실을 봤다.

FX 마진 거래는 투기적 성향이 강하다. 그래서 나는 단순 외화예금통장만을 만들기로 결정했다. 환율은 대외적인 돈의 가치로서 달러보다 원화가 강세일 때 → 달러-원 환율이 하락, 달러보다 원화가 약세일 때 → 달러 - 환율이 상승한다.

환율 투자는 시장 환율이 결정되는 원리를 알아야 투자할 수 있다. 환율이 상승할 때는 해외 악재, 국내 경기 침체, 국가 리스크 상승, 경제 불안 심리, 투기적인 거래가 줄어들거나 통화 과잉이 팽창할 때이다. 환율이 하락하거나 안정될 때는 해외 호재나 국내 경기 호조, 국가 리스크 낮음, 경제 안정 심리, 투기적 거래 상승과 통화 안정 시기이다. 환율은 장기적으로 경제성장률과 실질 국내 총생산에 의해 결정되는 복합 함수이므로 단기 환율은 신도 알 수 없다. 그러나 장기는 확률로 예측이 가능하다. 나는 '네이버 금융'에 들어가서 달러의 1년 평균치를 알아보고 최저가와 최고가를 구했다. 예를 들어 1년 평균치가 1129원이라면 1129원 이하는 지속적으로 분할 매수했다.

외환통장의 종류는 보통예금 / 정기예금 / 당좌예금 / 통지예금 등으로 나뉜다. 그중 개인투자자는 보통예금을 추천한다. 수시 입출금이 가능하므로 환율 변동에 따른 위험이 적다. 은행마다 환전 수수료가 다 다르므로 환율 우대 수수료가 저렴한 은행으로 알아봤다.

열심히 검색 후에 SC제일은행, 초이스 외화 보통예금을 선택했다. 그 이유는 스마트폰에 'SC 브리즈 어플'로 거래하면 90% 환율 우대가 가능했다. 단 미국 달러, 일본 엔화, 유로화의 경우 90%이고 나머지 통화는 50% 수준이다. 한도는 30만 불(3억 원)이다. 주의할 점은 스마트폰 환전은 전신환율(환테크용)이니 현찰환율(여행용)보다 싸게 사는 거라 여행 자금으로 찾을 땐 수수료 더 낸다. 현찰 수수료를 받는 이유는 전신환은 통장에 그냥 찍는 숫자인 데 반하여, 달러 현찰은 지폐 실물을 해외에서 공수하는 비용이 있기 때문이다. 내가 이용하는 환테크용 외환 통장은 달러는 통장에 찍히는 숫자일 뿐 실제 거래는 한국 돈으로만 한다.

여기까지 외화예금통장을 알아보기까지 한 번도 안 해본 일이니 공부가 필요했다. SC제일은행 외화예금으로 결정 후 은행에 가서 개설 후, 달러가 1150원 이하일 때마다 조금씩 'SC 브리즈 어플'로 매입했다. 그러다 보니 2017년 말에는 1100원 이하로 떨어졌다. 환율이 떨어질 때마다 조금씩 매수하니 달러가 꽤 모였다. 현재 환율은 1200원대이다.

저금리 시대, 더욱 큰 수익을 얻으며 안전한 투자를 하고 싶다면 외화예금을 해보자. 단타가 아닌 장기적인 관점에서 안전 자산인 달러를 모으고 싶다면 적합하다. 외화가 쌀 때 사서 비쌀 때 되팔아 환차익을 얻는 환테크(환율+재테크)이다. 환차익은 완전 비과세이므로 많은 수익이 있어도 세금을 한 푼도 내지 않는다. 1인당 5,000만 원까지 예금자 보호도 받을 수 있다. 네이버 금융—환전 고시환율—미국 USD를 들어가서 환율을 검색해보자. 나의 경우 1년의 그래프를 잡고, 최저가와 최고가를 파악 후 외화를 사고판다.

해외 직구!
그까이꺼 뚫어버리자

고양이 바키라는 온종일 심심했어요. "재미있는 일이 뭐 없을까?" 바키라는 기지개를 켜며 주변을 둘러보았어요. 투툭, 투툭, 투두두둑! "우아, 소나기다!" 그때 풀숲에서 동물 친구들이 뛰어나오며 소리쳤어요. "얼른 가자. 이러다 잔치가 끝날지도 몰라." '잔치라고?' 바키라의 귀가 번쩍 뜨였어요. '무슨 잔치지? 나도 가고 싶어.' 바키라는 나무 밑으로 풀쩍 뛰어내렸어요. '다들 어디로 간 거지?' 소나기는 금세 그쳐 버렸어요. '내가 너무 무섭게 생겼나? 왜 모두 꼭꼭 숨어버렸지? 나도 같이 놀고 싶은데….' 바키라는 터벅터벅 나무 밑으로 돌아왔어요.

다음 날 낮잠 자던 바키라에게 동물 친구들의 도란도란 이야기하는 소리가 들렸어요.

"아, 맨날 비가 오면 좋겠어."

"맞아, 그럼 맨날 잔치할 수 있는데."

'무슨 잔치일까?' 바키라는 잠이 번쩍 깨면서 귀가 솔깃해졌어요. 그때 빗방울이 떨어졌어요. 바키라는 커다란 나뭇잎 가면을 쓰고, 알록달록 꽃으로 온몸을 장식했어요. 그래야 들키지 않고 몰래 따라갈 수 있으니까요. 동물 친구들은 어제처럼 환호성을 지르며 밖으로 달려 나왔어요. 바키라는 누구보다 빨리 달렸어요. 철퍼덕! 뛰어들었어요. 어디로? 높은 바위 아래 커다란 물웅덩이로요! 곧이어 풍당! 풍덩! 철퍼덕! 다른 동물들도 뛰어들었어요. 동물 친구들이 바키라를 보고 놀랐냐고요? 천만에요. 바키라와 친구들은 비가 그칠 때까지 함께 신나게 놀았답니다. 단비가 내리는 날은 모두가 친구라는 걸 바키라만 몰랐던 거에요.

아이에게 『바키라도 놀고 싶어요』를 읽어주다가 문득 학창 시절이 떠올랐다.

나는 학창 시절 내성적이고 소심한 아이였다. 반에서 크게 웃고 떠드는 아이들을 보면 같이 어울리고 싶었다. 그러나 '나는 키가 작아서 안 돼. 쟤네 무리는 다 키가 크잖아.', '나는 체육을 못해서 안 돼. 쟤네들은 다들 운동 잘하는 키 큰 애들이잖아.' 하면서 선뜻 먼저 다가가지 못했다.

고등학교 입학식 날 배치고사 1등을 해서 신입생 대표로 선서하던 친구, 다른 학교 전교 1등 하다 우리 반으로 전학 온 친구를 보면 너무 부러웠다. 공부 잘하는 것을 최우선으로 치는 집안 분위기와 나도 잘하고 싶다는 욕망이었다. 멋진 그들과 친해지고 싶으면서도 먼저 다가가지를 못했다. 특히 체육을 못했던 나는 늘 '나는 왜 잘하는 게 하나도 없을까? 나도 잘하는 게 있으면 좋겠다.'라며 스스로를 구박했다.

고교 체력장 시험이 다가오던 어느 날, 나는 1주일 정도, 하교 후 혼자 학교 운동장에서 멀리뛰기와 오래달리기 연습을 했다. 체육 선생님께서 "운동 못하는 학생도 멀리뛰기만큼은 연습하면 단기간에 잘하게 된다." 라는 말을 하셔서였다. 정말 멀리뛰기는 연습을 하니 실력이 팍팍 늘었다. 드디어 시험 날! 나는 멀리뛰기에 자신감이 생겼고, 그 결과 우리 반에서 거의 최고로 멀리 뛰었다. 내 기록을 보고 모두 놀랐다. 그때, 반에서 2등으로 공부 잘하던 친구가 아이들에게 크게 말했다.

"정완이, 완전 노력파야! 지난 주말에 혼자 연습하는 거 봤어!"
"오~~~~~."

그날 내 어깨의 뽕은 하늘을 날았다. 이렇게 자존감이 향상된 경험을 바탕으로 나는 내 안에 열정과 실행력이 있다는 것을 자각했다. 그 후 나는 상담과 심리에 관심이 많이 생겨서 고려대 대학원 상담심리교육과에 진학했다. 『인문계 고등학생의 자아 강도, 스트레스 대처방식, 그리고 정신건강이 학교생활 적응에 미치는 영향』이라는 주제의 논문을 썼다. 학생들을 상담하며 자존감 향상과 꿈을 심어주고 싶어서 '전문상담 1급 자격증'도 땄다. 돌이켜보면 학창 시절에 받은 칭찬과 성공의 경험은 살아가며 참 중요한 요소라는 생각이 든다.

'아…. 이제 우리 아들 카시트가 필요한데….'

아이가 어렸을 때는 필요한 아이 용품이 너무나 많았다. 살 물건도 많은데, 거기다가 좋은 것까지 사게 되면 외동아이를 키움에도 돈은 턱없이 부족했다. 요즘 아이는 인터넷이 키운다는 말이 맞다. 나는 필요한 물건, 아이의 건강 상태, 발육 상태, 발달 시기에 맞는 장난감 등 모든 것을 육아 카페와 네이버 지식인에 묻고 노트에 적었다. 카시트는 국산도 너무나 비쌌는데 그것도 한 번 산다고 쭉 쓸 수 있는 것도 아니었다. 유아용, 주니어용으로 나뉘었다. 너무 비싸서 공무원 외벌이 형편에 정가로 살 수 없었다. 몇 날 며칠을 검색하다 보니 직구하면 훨씬 저렴하게 살 수 있다는 사실을 알게 되었다. '직구?? 내 영어 실력 그냥 그런데…. 할 수 있을까?' 하고 갈등하다가 '남들이 하면 나도 할 수 있지!' 하는 도전정신이 들었다.

처음엔 너무나 막막했다. 카시트 종류와 사용연령, 내구성 등을 알아보고 노트 필기하다가 카시트 직구 후기가 있는 블로그를 몇 개 추려서 자세히 읽어보았다. 카시트는 부피와 무게가 많이 나가므로 배송 대행지보다 배송료가 저렴하고 친절하게 한국 직배송까지 해주는 사이트를 골랐다. 가성비를 따져서 유아용과 주니어를 모두 한방에 커버할 수 있는 혼합형 카시트를 골랐다. 더듬더듬 몇 시간을 소요하며 따라 하다 보니 어느새 결제에 도달했다.

배송은 거의 한 달이 걸렸다. 내가 직구 했다는 사실이 거의 잊힐 만할 때 집 앞에 아주 거대한 박스가 도착했다. 알 수 없는 독일어로 가득한 주문서를 보며 '아…. 내가 그 어려운 직구라는 것을 해냈구나. 나도 직구녀구나.' 하며 혼자 감탄했다. 그러나 박스를 뜯어보니 그 메이커의 아성과는 달리 충전재가 허접스러운 스폰지였다. 알고 보니 유명 메이커의 보급형 카시트였다. 돈을 조금 더 주고 한 단계 업그레이드한 제품을 사도 우리나라에서 파는 가격보다 훨씬 쌌다. '맨날 싼 것만 찾다가 이렇게 되었구나.' 싶어서 후회되었다. 그렇게 나의 좌충우돌 첫 직구가 시작되었다.

비록 좋은 카시트를 사는 데는 실패했지만, 독일제라 매우 튼튼해서 초등학생이 된 지금까지 잘 쓰고 있다. 그리고 까막눈이라도 직구라는 것이 그다지 어렵지 않다는 것을 체험했다. 재밌는 사실은 영어 전공인 친구도 직구를 할 줄 모른다는 것이었다. 직구에서 필요한 것은 언어가 아니라 도전 정신이라는 것을 알게 되었다. 그다음 도전한 것은 휴직 생활의 필수 아이템이라는 커피 머신 '네스프레소 시티즈 앤 밀크'를 독일 아마존에서 직구 했다. 미국 아마존은 110V라서 일부로 독일 아마존을 선택했다. 국내의 반값이었다.

휴직 중 기저귀 가방으로 잘 쓴 마이클 제이콥스 가방도 10만 원에 구입하고, 독박 육아하는 나를 위한 선물로 버버리 호보 백도 저렴하게 직구에 성공했다. 그중 가장 뿌듯한 것은 아이 영어 교육의 바이블이라는 ORT(옥스퍼드 리딩 트리) 풀세트와 마마 펜 2개를 중국 '타오바오'에서 20~30만 원대에 샀다. 우리나라에서 사면 100만 원은 줘야 하는 구성이었다. 중국어라 뭐라고 썼는지 하나도 몰랐지만, 크롬에서 번역기 돌려가며 샀다. 심지어 가격 협상을 위해 중국인 판매자와 영어로 채팅도 하며 서비스를 더 받기도 했다. 그 뒤로 나의 직구 도전은 휴직 생활 내내 쭉 이어졌다.

직구는 어렵지 않다. 요즘 블로그에 하는 방법이 A부터 Z까지 아주 자세하게 한글로 나와 있기 때문이다. 전 세계 모든 나라의 알 수 없는 언어로 판매되는 사이트도 다 뚫을 수 있다. 괜한 두려움과 게으름이 직구의 장벽일 뿐이다. 직구의 메리트는 바로 가격이다. 국내의 반값도 안 되는 가격으로 최고의 물건을 살 수 있다는 큰 장점이 있다. 하지만 블로그를 보고 따라 해야 해서 처음 시도하면 시간 소요가 크고, 배송기간이 매우 길다는 단점은 있다. 꼭 필요한 물건이 국내는 비싼데 해외에서는 저렴한 가격에 판매된다면 직구를 추천한다.

3

대출금도
갚는 순서가 있다

"카드론 · 현금서비스 연체 급증. 한 달 이상 연체액도 1년 새 15%↑"

"가계 이자 비용 부담 '역대급'…금융위기 이후 20년 만에 최고"

"취약계층 상대 연 3만 1천% 고금리 불법대부조직 적발. 27만 원 대출
해주고 다음 날 50만 원 뜯어내 … 피해자 3천 600명"

이런 우울한 뉴스는 심심치 않게 보도된다. 20대 청년들은 학자금 대
출을 갚아야 하고, 취업난에 생활비도 부족하다. 30~40대는 결혼을 하
고 집을 구해 독립하고, 자녀 양육비, 여가비 등으로 돈이 부족하다.
50~60대도 자식들 대학 공부시키고, 결혼시키고 나니 정작 노후는 준
비되어 있지 않다. 그 이후는 더 비참한 노후가 기다린다. 태반의 사람들
은 돈이 부족해서 대출을 받고 빚에 허덕인다. 자금난으로 제 2금융권 대

출을 받고, 이 빚을 막기 위해 돌려막기용 다른 대출을 받는다. 마이너스 통장, 현금서비스, 신용카드 할부, 리볼빙, 신용대출 등을 받아쓰다가 채무불이행의 악순환 속에 신용불량자로 전락하거나 급기야는 불법 사금융까지 손대는 경우도 많다.

살면서 대출을 안 받아 본 사람은 거의 없을 것이다. 나 역시 대출을 많이 받아봤다.

대학교 휴학하고, 사정이 딱한 착한 친구를 만나게 되었다. 그 친구가 300만 원이 급하게 필요하다고 해서 '카드깡'이라는 것을 난생처음 해서 빌려주었다. 나는 신용을 중시하는 사람인지라 절대 안 된다고 말했지만, 친구의 간곡한 부탁에 넘어가고 말았다. 처음 그 친구는 내게 '카드깡'을 부탁할 때, 가족에게 빌려준 돈이 있는데 금방 받을 수 있다면서 일주일만 빌려달라고 했다. 순진한 나는 그 말을 찰떡같이 믿었다. 그러나 그 친구는 결국 갚지 않았다. 내가 가장 많이 화가 났던 것은 연체 이자 7% 정도가 될 때까지 1년간 내게 단 한마디도 하지 않았다는 사실이다. 어느 날 집으로 카드사의 최후 연체 통보가 날아올 때까지 나는 그 친구가 잘 갚고 있으려니 믿고 있었다. 통지서를 받은 날부터 나는 과외 아르바이트, 설문조사 등 닥치는 대로 아르바이트를 하며 안 먹고, 안 쓰고, 안 입었다.

20대 꽃다운 청춘에 호프집, 커피숍, 여행은커녕 아무것도 못 하고 열심히 대출금을 상환했다. 마지막 대출금을 상환하고 은행에 갔을 때 직원이 내게 말했다.

"이렇게 꼬박꼬박 성실하게 갚으시는 분이 어떻게 연체 이자가 최고가 될 때까지 한 번도 안 갚으셨어요?"

" … ."

그 직원이 칭찬(?)이라고 하는 말이 내 가슴을 아프게 후벼팠다.

공무원으로 취업 후 내게 대출을 받아달라는 친구들이 몇몇 있었다. 공무원은 대출 이자가 상대적으로 저렴하다는 것을 알고 부탁해왔다. 꼬박꼬박 매달 상환 날짜를 지킬 테니 제발 빌려달라고 했다. 그런 식으로 100만 원, 300만 원, 2,000만 원, 3,000만 원을 각각 다른 사람들에게 빌려주었다. 1년 마이너스 대출로 빌려준 두 명은 기한 안에 잘 갚았다. 그러나 100만 원과 300만 원을 빌린 두 명은 날짜를 지키지 않았다. 그들도 날짜를 지키려고 애를 썼으나 상황이 좋지 못했다. 매달 월급날마다 나는 내 월급에서 그들에게 빌려준 원금+이자를 떼이고 월급을 받는 상황이었다. 결국 그들이 지키지 않는 날짜만큼 나는 내 월급의 일부를 받지 못했고, 스트레스를 많이 받았다. 그 중 300만 원을 빌려준 친구는 사정이 너무 딱해서 대신 내가 다 갚아줬다. 그 친구가 갚기를 기다리느니 차라리 내가 갚는 게 여러모로 속이 편했다.

돌이켜보면 다 잘못된 만남으로 인한 빚이었다. 모두 착한 사람들이었지만 상황이 그리 만들었다. 역시 사람은 친구를 가려 사귀어야 한다는 사실을 그때는 잘 몰랐다. 자세히 말하자면 나는 그 친구들이 가난할 뿐 좋은 친구들이라고 생각했다.

취직과 동시에 나는 학자금 대출을 상환했다. 그 후로는 원룸 자취방의 보증금 천만 원을 대출받는 것을 시작으로 집을 사기 위한 용도로만 대출을 받았다. 원룸의 월세가 너무나 아까워서 빌라 전세로 들어가며 전세금을 대출받았다. 그 후로 아파트를 사느라고 또 대출을 받았다.

『부자 아빠 가난한 아빠』의 저자 로버트 기요사키는 "자산은 내 지갑에 돈을 넣어준다. 부채는 내 지갑에서 돈을 빼간다."라고 했다. 부자가 되고 싶다면 자산을 사라고 한다.

저자는 나쁜 빚과 좋은 빚을 구분하라며 "나쁜 빚은 내 호주머니에서 돈이 나가는 빚", "좋은 빚은 내 호주머니에 돈이 들어오는 빚"이라고 했다.

나쁜 빚이란, 주택담보대출(거주하는 자신의 집), 전세자금대출, 신용카드 할부, 리볼빙, 신용대출, 마이너스 통장, 경험이나 노하우가 없는 부분에 투자를 위한 레버리지, 고금리대출(원금을 함께 갚아나가는 경우)이고, 좋은 빚이란 주택담보대출(월세 받기 위한), 경험이나 노하우가 충분히 쌓인 부분에 투자를 위한 레버리지, 대출 이상의 수익이 나오는 사업을 위한 대출, 저금리대출(이자만 납입하는 경우)이라고 구분 지어 설명한다.

당신은 어떤 빚을 지고 있는가? 나의 경우 친구들에게 대출해준 빚은 나쁜 빚이었다. 그러나 집을 사기 위한 대출은 좋은 빚이라고 생각한다. 로버트 기요사키는 외국인이라 우리나라 사람들과 집에 대한 마인드가 다를 것이다. 우리나라 사람들은 보통 거주하면서 집값 상승도 노리기 때문이다. 나도 실거주 집을 살 때, 집값이 최소한 구입한 원금보다는 상승할 여력이 있는 곳에 집을 샀다.

20대 초반부터 대출을 많이 받아본 나만의 대출금 갚는 순서를 공개한다.

1. 대출 상환을 하면서 저축을 많이 한다면 어리석은 일이다. 일단 큰 대출금부터 갚아라. 보통 대출이자가 저축 이자보다 훨씬 높다.

2. 금리가 높은 대출부터 상환한다. 혹시 제 2금융권 대출이 있다면 이 것부터 정리하라.

3. 같은 금리라면 대출금이 작은 것부터 먼저 상환하라. 대출 건수를 줄이면 신용 등급이 향상된다.

4. 이미 대출을 받고 있더라도 계속 더 나은 조건의 대출을 해주는 곳을 알아봐라. 중도상환수수료가 무서워서 처음 대출받은 곳의 원금만 상환하는 경우가 많다. 그러나 조금이라도 더 저렴한 이자 납입 조건이나 수수료 조건이 좋은 상품이 있다면 현재 대출의 중도상환수수료를 계산해서 비교 후 좀 더 나은 조건으로 갈아타라.

5. 중도상환수수료가 무서워서 이자만 내지 말자. 나의 경우 수수료라는 단어가 무서워서 원금을 갚으면 큰 손해라고 생각했다. 그런데 나중에 보니 중도상환수수료는 고작 1.4% 정도에 불과했다. 대출금이 천만 원일 경우 1.4%면 매달 11,700원 정도였다. 그때 수수료를 무시하고 원금도 같이 상환했다면 더 빨리 상환할 수 있었는데 후회된다.

6. 연봉이 오르거나 신용 상태가 개선되면 금리 인하 요구권을 행사하라. 2019년 11월 26일부터 모바일 · 인터넷뱅킹, 콜센터 등 은행별로 제

공하는 비대면 서비스를 통해서 영업점 방문 없이도 금리 인하 신청이 가능해졌다.

대출 종류, 금리 등 사람마다 상황이 다르기 때문에 대출금 우선순위의 일반화는 어렵다. 자신의 현재 채무 상태를 컴퓨터나 노트에 잘 적고, 현재 대출 금리와 매달 나가는 비용을 수치화하자. 그 후 금리가 높은 대출부터 상환하자. 대출 상환이 가장 중요하지만, 대출 상환 후 저축과 투자의 습관도 길러야 한다. 모든 대출을 갚은 후 그때부터 저축과 투자 습관을 기르려면 시간이 소요되기 때문이다. 그러므로 나쁜 대출을 가장 먼저 갚고, 좋은 대출은 갚으면서 아주 조금씩이라도 저축과 투자를 해보는 습관을 기르는 것도 좋다.

4

신용카드는
혜택이 아닌 빚이다

2002년은 내 인생에 가장 기념비적인 해였다. 그 어렵다는 임용고시를 한방에 뚫고 새내기 직장인으로 하루하루 단꿈에 젖었었다. 그러던 어느 날, 나도 이제 번듯한 휴대폰이 필요함을 느꼈다. 금요일 저녁 퇴근 후 직장동료들과 수다를 떨며 번화한 지하상가에서 휴대폰을 구경했다. 동료들은 값비싼 고가의 최신 휴대폰을 서로 비교하며 직원의 설명을 열심히 들었다. 그러나 언제나 가성비를 중시하던 나는 그 설명이 귀에 하나도 들어오지 않았다. 가격이 너무나 비쌌기 때문에 당분간 휴대폰은 엄두도 못 내겠다고 생각했다. 최신의 비싼 휴대폰을 바로 결제하는 동료를 부러워하며 다 같이 저녁 식사를 하러 가는 길이었다. "TTL 모네타폰. 선지급 포인트로 저렴하게 구매하세요."라는 광고를 보고 나는 홀린 듯 그 휴대폰 대리점으로 들어갔다.

"그럼, 모네타 폰이 뭐에요?"

"모네타 포인트라는 선지급 포인트로 최신 SK 휴대폰을 아주 저렴하게 살 수 있는 좋은 제도에요!"

싸게 좋은 핸드폰을 살 수 있다니 솔깃했다.

"모네타 포인트는 뭐에요?"

"고객님. 어차피 신용카드 쓰시잖아요? 모네타 포인트 카드로 핸드폰을 사면 20만 원 할인해 줍니다. 모네타 카드 사용금액의 0.6%가 모네타 포인트로 쌓이는데, 그 포인트를 3년간 20만 포인트를 모으면 결국 공짜로 휴대폰을 득템 하시는 거예요."

"포인트가 잘 쌓이나요?"

"그럼요~ 0.6%면 금방 20만 점 모으죠."

대리점 직원은 이렇게 좋은 핸드폰을 싸게 살 수 있는 절호의 기회를 잡으라고 나를 유혹했다. 저렴하게 좋은 휴대폰을 살 수 있다는 말에 현혹되어 나는 그 자리에서 모네타 폰을 결제하고 제휴 모네타 신용카드를 발급받았다. 신이 나서 새 폰을 쓰던 어느 날, 모네타 카드로 한 달에 약 100만 원은 써야 3년 뒤 20만 점이 쌓인다는 사실을 뒤늦게 알았다. 사회 초년생이 한 달에 카드사용금액 100만 원이라니……. 처음 휴대폰을 살 때 그 자리에서 0.6%를 계산해보면 금방 나올 계산이었는데, 대리점 직원의 금방 갚는다는 호객 행위에 홀랑 넘어갔다. 게다가 3년간 20만 포인트를 갚지 못하면 3년 뒤에는 원금+수수료+연체금까지 갚아야 한다는 사실도 설명해주지 않았다. 나는 일명 신용카드 포인트 선지급 서비스에 낚인 것이다.

신용카드 선지급 포인트란 카드사가 일정 포인트(최대 70만 원)를 미리 지급해 매매대금을 대신 지급해주고, 고객은 향후 일정 기간(최장 3년) 동안 카드 이용 실적에 따라 적립되는 포인트로 이를 상환하는 제도를 말한다. 고가의 제품을 구입할 때는 소비자에게 유리해 보이지만 결국 고액의 이자가 붙는 할부판매나 다름없다.

선지급 포인트는 상환 방법에 따라 1) 선 포인트와 2) 포인트 연계 할부로 나눌 수 있다.

1) 선 포인트는 카드사로부터 현금처럼 쓸 수 있는 포인트를 미리 받아 물건 값을 할인받는다. 그 뒤 이 금액을 나중에 약정 기간(최장 3년) 동안 카드 이용 실적에 따라 쌓이는 포인트로 갚는 제도다. 예를 들어 100만 원짜리 세탁기를 살 때 45만 원을 결제하고, 55만 원을 카드 포인트로 할인받게 되는 것이다. 지금 당장은 45만 원을 결제하니까 반 이상 할인을

받은 것 같지만 앞으로 포인트로 55만 원을 갚아 나가야 하는 것이다.

2) 포인트 연계 할부는 선 지급된 포인트를 약정 기간 동안 매월 일정하게 분할해서 상환해나가는 방식이다. 매월 상환액에 할부 수수료(최고 7.9%)가 포함되어 있고, 매월 적립 포인트가 매월 상환액에 미달한 경우 그 부족분은 현금으로 상환하는 방식이다. 당장 돈이 들어가지 않는다는 점에서는 편리한 서비스임이 분명하지만, 문제는 카드 이용 실적이 부족해 포인트 적립이 기준치 아래라면 소비자는 현금으로 이를 상환해야 한다.

내가 이용한 모네타 포인트의 경우는 1) 선 포인트였다. 카드 사용금액의 0.6%가 포인트로 쌓이고 약정 기간을 3년으로 가정했을 때, 20만 원을 할인받았다면 3년 동안 신용카드로 월평균 90~100만 원을 써야 전액을 상환할 수 있다. 게다가 나중에 알고 보니 모든 이용금액이 포인트로 쌓이는 게 아니었다. 공과금, 세금, 상품권 구입, 할부 이용 등 제외 항목이 꽤 많았다. 결국 포인트 선지급 서비스는 앞으로 쌓일 카드 포인트를 미리 당겨쓰는 것으로 일종의 빚이나 마찬가지다.

우리가 보통 아는 대표적인 신용카드의 혜택은 무이자할부 서비스와 일정 금액 이상 카드 사용 시 할인 혜택을 주는 서비스가 있다. 무이자

할부 서비스는 큰 금액을 여러 달에 걸쳐 나눠서 갚게 해서 자동차 할부나 고가의 가전 등을 구매할 때 유용하지만 카드 실적에는 제외된다. 무이자 할부 서비스는 무이자에 초점을 두는 것이 아니라 할부 원금은 빚이라는 사실을 명심해야 한다. 또한, 일정 금액 이상 사용 시 주는 혜택역시 미끼일 뿐이다. 매달 일정 금액을 딱 맞추어 생활하기는 어렵다. 목표 금액을 달성하려고 신용카드를 사용하다가 자칫 초과 지출을 하기 십상이다. 나는 내가 나름 신용카드의 혜택만 쏙쏙 골라 먹고 빠지는 여우같은 체리 피커라고 생각했다. 그러나 일반 직장인이 실적으로 인정 안되는 경우와 인정되는 경우를 매달 꼼꼼하게 파악하기는 어렵다. 나의경우 '국민청춘대로' 카드로 관리비를 내고, 매달 30만 원 이상 실적을 채워서 각종 할인을 받았다. 그러던 어느 날 실적을 채웠음에도 할인 혜택적용이 안 되어 있어서 고객 센터에 문의했다.

"여보세요? 이번 달 30만 원 실적이 충족됐는지 알려주세요."
"고객님. 아파트 관리비와 상품권 구매, 해외이용금액은 실적에서 제외됩니다."

라는 답변을 듣고 깜짝 놀란 경험이 있다. 아파트 관리비가 실적에서제외된다는 것을 처음 발급받을 시에는 알았음에도 불구하고 까먹고 있었던 것이다. 나는 '국민청춘대로' 카드는 이미 실적이 충족된 줄 알고 다른 카드의 실적을 채워서 결국, 그다음 달에는 예상 혜택을 받지 못하였다. 이렇듯 신용카드는 혜택을 누리기는커녕 자칫 과소비로 이어지게 마련이다.

몇 번의 시행착오 끝에 내가 현재 사용하고 있는 카드 이용 방법은 4가지이다.

1. 신용카드와 체크카드를 섞어서 나만의 황금 비율을 찾자.

나는 30만 원까지 교통비, 아이 학원비, 통신비 등 고정 지출은 신용카드를 이용하여 할인 혜택을 받는다. 생활비는 통장 잔고 내의 체크카드를 이용하여 추가 지출을 줄인다.

2. 신용카드 결제대금은 될 수 있는 대로 선결제를 한다.

선결제를 통해 다음 달의 수입을 당겨서 미리 쓰지 말고, 매달 내 월급 안에서만 지출하게끔 한다.

3. 신용카드의 개수를 줄이고 될 수 있는 대로 일시불을 이용한다.

무이자 할부 서비스는 혜택이 아니므로 될 수 있는 대로 일시불을 이용한다. 신용카드는 빚이므로 나만의 소비 패턴을 파악해서 몇 개만 남기고 정리한다.

4. 현금서비스와 단기간 대출 등은 처음 발급 시부터 0원이나 최소한
으로 세팅한다.

돈을 쓰고 싶은 유혹과 자칫 잃어버리면 낭패를 막을 수 있다.

신용카드는 잘 쓰면 약이지만 잘못 쓰면 독이 된다고 한다. 그런데 신
용카드는 실제로 약보다는 독인 경우가 더 많다. 자칫 무분별한 소비로
이어지기 십상이고, 신문이나 뉴스에서 신용카드 남용으로 인한 비극은
흔하게 접할 수 있다. 신용카드를 꼭 써야 한다면 고정 지출 납입용으로
최소한 사용하고, 될 수 있는 대로 잔고 알림 SMS 서비스 기능을 추가한
체크카드를 이용한다면 지출을 통제할 수 있을 것이다. 신용카드는 일정
액 이상 사용 시 체크카드보다 혜택이 크다. 하지만 잔고 내에서 사용하
는 체크카드보다 지출을 통제할 수 없고, 미래의 수입을 현재 당겨쓰는
빚임을 명심하자.

5

부의 노하우보다
부의 마인드를 배우자

1938년 미국의 하버드 대학교에서는 전인미답의 기념비적인 심리학 연구가 시작되었다. 인간의 삶에 관한 과학적인 연구로서 그랜트 스터디는 매우 독특한 특징을 가지고 있다. 그것은 세계적인 명문대학인 하버드 학생들 중에서도 가장 우수한 집단을 선발한 후, 그들의 실제 삶을 장기—종단적인 연구를 수행하였다.

하버드 학생들 중에서도 특히 신체적으로나 정신적으로 건강한 '입학 허가를 내준 것이 자랑스러운 학생' 268명을 선발하였다. 그랜트 스터디 대상자들 모두가 경제적으로 부유한 가정에서 자란 것은 아니었다. 하지만 향후 이들의 삶에서 경제적인 약점이 걸림돌로 작용하지 않을 것이라 확신할 수 있는 학생들만을 선발하였다. 그런데 이들의 대학 졸업 후의 삶을 60년 이상 추적 조사한 결과, 모든 학생들이 성공적인 삶을 산 것은 아니었다.

연구 대상자 중 약 30%는 실제로 누가 보더라도 놀랍게 실패한 삶을 살았던 것으로 나타났다. 그 이유가 무엇일까? 그랜트 스터디가 알려주는 삶의 교훈은 삶에 대처하는 방식이었다. 즉 성공자들은 역경과 시련을 기회로 전환하는 특별한 능력이 더 많았다.

오르막이 있으면 내리막도 있는 법이다. 오르막이 높을수록 내리막길도 길다. 그런데 대부분의 사람들은 지금의 오르막이 언제까지나 지속할 것이라고 여긴다. 그 결과 오르막이 끝나는 지점을 목전에 두고 포기하고 만다. 반면 소수의 사람들은 오르막이 끝날 때까지 묵묵히 참고 또 참으며 걷는다. 그들은 포기하지 않고 계속 나아가면 분명 오르막의 끝이 있다는 것을 알고 있다. 그래서 포기하고 싶어도 결코 포기할 수 없는 것이다.

분야를 떠나 모든 성공한 사람들에게는 숱한 시련과 역경이 있었다. 그들은 어떻게 인생의 고비를 견뎌냈을까?

나는 내가 아는 성공한 사람들에게 비결을 물었다.

"이 고비만 잘 넘기면 분명 좋은 날이 있을 것이라는 생각으로 견뎠습니다."

"여러 경험을 통해 지금의 고비를 잘 견디면 뒤집는 패가 된다는 것을 알고 있었습니다."

"지금 이 고비를 넘기지 못하면 더 이상의 발전을 기대할 수 없기에 어떻게든 이를 악물고 버텼습니다."

나는 성공자들의 대답 가운데 '고비를 잘 견디면 뒤집는 패가 된다.'는 말이 가슴에 꽂혔다. 정말 내가 살아온 인생을 돌아봤을 때 포기하고 싶을 만큼 힘들고 고통스러웠지만, 끝까지 버텨냈기에 다양한 기회들을 만날 수 있었다. 만일 내가 쉽게 포기했다면 지금과 같은 120억의 자산을 이루지 못했을 것이다.

세계 골프계를 평정한 신지애가 있다. 지금의 그녀가 있기까지 무수히 많은 인생의 고비들이 있었다. 그녀가 중학교 2학년 때 집안 형편이 어려워져 더는 골프 훈련비를 지원해줄 수 없게 되었다. 그러나 그녀는 좌절하거나 방황하지 않았다. 그 대신 고민 끝에 새벽 6시부터 여러 골프장을 찾아다니며 연습의 기회를 달라고 사정했다. 그러나 어린 학생을 선뜻 받아주는 골프장은 아무 데도 없었다. 그 과정에서 그녀가 주로 찾았던 골프장 사장이 그녀를 관심 있게 지켜보았고 어린 학생의 끈기와 성실함에 감동한 사장은 그녀가 무기한 무료로 연습할 수 있도록 도와주었다. 게다가 전국대회에 출전할 때면 대회 경비를 대신 내주기도 했다. 어려운 형편 속에서도 골프를 향한 그녀의 강한 열정이 골프장 사장의 마음을 움직인 것이다.

2003년 어느 날, 신지애에게 감당할 수 없는 시련이 찾아왔다. 그녀의 경기를 보러 가던 어머니와 동생들이 교통사고를 당한 것이다. 안타깝게도 어머니는 그 자리에서 세상을 떠나고 말았다.

얼마 후 신지애의 아버지는 그녀의 손에 1,500만 원을 쥐여주며 말했다.

"네 엄마 목숨과 바꾼 돈이다."

어머니의 사망보험금 중 빚을 갚고 남은 돈이었다. 그때 신지애는 골프에 목숨을 걸기로 마음먹었다. 신지애는 휴대폰 바탕화면에 "훈련은 근육의 지능을 만든다."라는 문구를 저장해놓고 자주 들여다보며 스스로 동기를 부여했다. 언젠가는 반드시 박세리 선수처럼 되겠다는 일념 하나로 최선의 노력을 기울였다. 단 한 순간도 연습을 게을리한 적이 없었다.

그 결과 2005년 아마추어로 국내 대회에서 우승하면서 두각을 나타내기 시작했다. 2006년에는 국내 무대를 석권했고, 2007년에는 국내의 모든 기록을 갈아치웠다. 그리고 2008년 8월 4일 초청선수로 참가한 LPGA 투어 브리티시 오픈에서 첫 메이저 대회 우승의 영광을 안았다. 그뿐만 아니라 박세리가 세웠던 대회 최연소 우승 기록을 경신하기도 했다. 2010년 5월 3일에는 아시아인 최초로 여자골프 세계랭킹 1위에 등극해 파이널 라운드의 여왕(파이널 퀸)이 되었다.

『부자의 사고 빈자의 사고』의 저자 이구치 아키라는 "가난한 사람은 키맨(key man)의 노하우를 훔치기 위해 무료 세미나를 참석한다. 반면 부자는 키맨의 사고방식을 배우기 위해 기꺼이 돈을 지불한다."라고 했다. 가난한 사람은 부자들의 노하우를 무료로 얻고자 한다. 그러나 진정 부자가 되고 싶다면 키맨과 실생활에서도 친하게 지내며 키맨의 사고방식을 익혀야 한다. 이른바 충성 고객이 되는 것이다. 예를 들어 강연회에 참가하면 반드시 맨 앞자리에 앉고, 강연 중에는 그 누구보다 더 많이 긍정의 리액션을 취하라고 이구치 아키라는 말한다. 그의 경우 키맨을 발견하면 그 사람을 위해서라면 뭐든지 하겠다는 각오를 다진다. 그 사람이 해외에서 강연을 열더라도 망설임 없이 날아간다. 그리고 키맨을 만나면 가장 먼저 키맨의 노하우보다 사고방식을 배우려고 노력한다. 노하우란 표면적인 것에 지나지 않는다. 키맨의 노하우가 나의 경우와 딱 들어맞을 수는 없기 때문이다. 무엇보다 사고방식을 배우는 것이 가장 중요하다고 이구치 아키라는 강조한다.

〈한책협〉의 김도사 역시 절대 빈곤층에서 부자의 사고방식으로 바꾸어 성공한 분이자 나의 남편이다. 그는 시인, 소설가가 되기 위해 10년 넘게 막노동을 하며 각고의 노력을 했으나 실패했다. 그러던 중 독서를 통해 의식을 높이고 부자의 사고방식을 바꾸고 7년 남짓 노력한 결과 성공자의 반열에 오르게 되었다. 그는 책 쓰기 코치로서 제자들을 목숨 걸고 코치하고 끊임없이 버킷리스트를 만들고 이루어나간다. 하고 싶은 일이 생각나면 바로 실천하여 자신의 것으로 만든다. 그 결과 람보르기니, 페라리 등 외제차를 6대 소유하고 100평 펜트하우스에 사는 부동산 30채, 120억 자산가가 되었다. 그는 현재 〈한책협〉에서 '미라클 사이언스' 특강을 통해 많은 이들의 의식을 확장하는 데에도 열정을 쏟고 있다. 그가 말하는 성공 노하우 역시 부자의 사고방식이다.

당신은 부자의 사고방식을 갖고 있는가? 가난한 자의 사고방식을 갖고 있는가?

부자들은 부의 노하우보다 부자의 사고방식을 강조한다. 부싯돌이 마찰 없이 불꽃을 일으킬 수 없듯이 역경이 없다면 우리 내면의 불꽃은 피어오르지 않는다. 그랜트 스터디의 삶의 교훈을 잊지 말자. 성공자와 부자들은 위기를 기회로 만드는 능력이 탁월했다. 목표를 정하고 이룰 때까지 절대 포기하지 않았다는 말이다. 부자의 마인드로 전환한다면, 이 책을 읽는 독자 역시 목표를 확실히 하고 부자의 마인드를 배우고 실행한다면 충분히 부자가 될 수 있다.

6

나는 카페 수다 말고
북테크한다

하루는 24시간이다. 부자들과 성공하는 사람의 시간도 24시간이다. 보통 사람들은 돈과 시간 중에 무엇이 중요하냐고 묻는다면 돈이라고 말하는 사람이 많을 것이다. 그러나 부자들은 돈보다 시간을 더 귀하게 여긴다. 부자들은 시간이 더 있다면 더 큰 부자로 재산을 굴릴 수 있고, 더 많은 일을 하며 세상을 누릴 수 있다는 것을 잘 알고 있다. 나 역시 현재 부동산 30채, 120억을 소유한 부자가 된 지금, 시간이 돈보다 소중하다는 것을 말하고 싶다.

진나라를 최초로 통일한 진시황은 천하를 통일하고 영원한 황제가 되고자 했다. 그는 신선 사상에 영향을 받은 방사(方士), 서복이 "아득히 머나먼 동쪽 바다 한가운데 영주산에 신선이 살고 있는데 거기 가면 불로

불사의 영약을 구할 수 있습니다."라고 상소하자 불로초를 가져올 것을 명하였다. 서복은 동남동녀 수천 명과 금은보화를 받아 멀리 동쪽으로 불로장생한다는 영약을 구하러 떠났다. 서복이 말한 영주산은 바로 한라산이고, 제주도에 가면 실제 서복전시관이 있다. 그러나 서복은 불로초를 구하지 못해서 제주도나 일본에 정착해 살았다는 설이 있다. 오매불망 불로불사를 원한 진시황은 영생은커녕 49세에 생을 마감하게 된다. 중국 시안에 진시황릉을 보면 그가 얼마나 영원한 시간, 삶을 원했는지 알 수 있다.

당신은 시간을 소중히 여기는가? 나는 시간의 소중함을 누구보다 잘 알고 있다. 나는 가난했던 탓에 고등학교 졸업 후 대학에 진학하는 대신 취업을 선택했다. 5년 후 직장을 그만두고 워킹홀리데이를 하며 타국 생활을 했던 남다른 경험이 있다. 그 경험을 바탕으로 '사람들에게 꿈과 희망을 주는 사람이 되고 싶다.'라는 꿈이 있었다. 일단 부족한 학력부터 채우기로 하고 알아보니 고등학교 졸업자도 '학점 은행제'로 전문 또는 학사학위를 받을 수 있었다. 그래서 당시에 일하며 잠을 줄였다. 4년제 과정을 2년 안에 마쳐야 했기 때문에 낮에 일하는 틈틈이 교재를 보고, 쉬는 시간에 인터넷 강의를 들으며 공부에 매진했다. 공부하는 동안 긍정적인 사고를 갖도록 성공 스토리만 읽으면서 자신감을 가졌다. 그때 나는 최대한 빨리 끝내야겠다는 생각을 했다. 비록 몸은 고되어도 정신적으로는 하나도 힘들지 않았다. 오히려 단 1분이라도 허투루 쓰지 않고 치열하게 살고 있다는 자체가 성취감이었고 보람이었다.

내 나이 26세 때에는 매일 같이 새벽 1시에 취침하고 새벽 5시에 기상했다. 당시 나는 공부를 내 꿈을 실현하는 수단으로 생각했기 때문에 정말 독하게 했다. 직장 생활과 병행하며 여러 가지 공부를 해야 하는 탓에 몸은 단 하루도 피로하지 않은 날이 없었다. 자주 코피를 쏟았다. 2년 동안의 지독한 노력 끝에 학사학위를 취득했다. 그리고 종로의 영어학원에서 대학생과 직장인을 상대로 영어를 가르쳤다. 물론 직장을 다니면서 말이다.

이렇듯 나는 20대 때 직장 다니며 내 꿈을 향해 하루 24시간을 쪼개가며 열심히 살았다. 이십 대의 나에게 가장 긍정적인 영향을 끼친 존재로 학생이자 영어 강사였던 룸메이트를 꼽을 수 있다. 룸메이트는 독서 애호가였고 독서를 통해 변화된 삶을 살고 있었다. 혼자 살던 그녀는 한쪽 벽을 도배할 만큼 성공자들의 이야기가 담긴 자기 계발서가 무척이나 많았다. 그래서인지 그녀의 하루 일정은 남달랐다.

새벽 5시 기상, 스트레칭이나 요가, 따뜻한 차 한잔과 영어 뉴스 CNN을 듣고, 아침 식사는 샐러드와 주스 또는 우유, 틈틈이 독서 및 영어 수업 준비 후 출근하는 일정이다. 아직 26살이 채 안 된 어린 나이임에도 불구하고 철저한 자기관리를 하는 면모에 감탄했다. 분명 그녀는 책을 통해 변화된 삶을 살고 있다.

그녀와 나는 입주 축하 파티를 할 겸 오랜만에 계획적인 일상에서 벗어나 가벼운 마음으로 호프집으로 갔다. 20대 젊은 나이의 또래들은 카페나 호프집에서 수다 떠는 것이 일상이었지만, 우리는 남달랐다. 철저하게 바쁘게 사는 우리에겐 이런 소소한 일들이 엄청난 재미를 가져다주었다.

룸메이트가 맥주를 몇 잔 마신 후 나에게 말했다.

"나는 지금 이 순간이 너무 행복해. 나 자신이 주체가 되어 사는 삶이 이렇게 행복한 일인 줄 몰랐어. 책을 통해 나 자신을 사랑하는 법을 배웠지."

정말 행복해 보였다. 그녀의 말에 의하면 예전에는 힘든 가정사로 인해 반항하는 문제아였고, 자기 자신을 사랑하지 않는 막돼먹은 아이였다고 했다. 하지만 책을 읽으며 자신을 사랑하는 법을 먼저 익히게 되었고, 남들에게 존중받고 외롭지 않은 인간관계에 대해서도 많이 배웠다고 한다. 당당히 자신을 인정하는 그녀가 정말 멋졌다. 자기관리가 철저하면서도 홀로 서는 외로움을 진정으로 즐길 줄 아는 사람이기 때문이다.

나도 성공 스토리가 담긴 자기 계발서를 주로 읽는 편이다. 물론 예전에는 연애소설 등 말초신경을 자극하는 종류의 책을 많이 읽었다. 하지만 그런 종류의 책들을 읽고 나면 왠지 모르게 감상적으로 되면서 인생을 사는 치열함이 느슨해지곤 했다.

자기 분야에서 일가를 이룬 성공자들은 하나같이 구두끈을 바짝 조이게 하는 책을 읽고, 생각하고, 실천했다. 나는 그것이 그들을 성공으로 이끈 첫 번째 비결이라고 생각한다.

내가 소설보다 자기 계발서를 주로 읽어야 한다고 조언하는 이유는 두 가지이다.

첫째, 소설은 주인공과 나의 처지가 비교되어 우울해진다. 그러나 자기 계발서는 시련과 역경 속에서 성공한 저자의 스토리를 통해 '나도 할 수 있다!'라는 용기를 가질 수 있다.

둘째, 소설을 읽다 보면 감상에 젖게 되어 지금의 내 처지를 잊게 된다. 이와는 달리 자기 계발서는 성공자들의 성공 스토리를 통해 더욱 노력하게 만든다.

우리는 성공자들의 성공 비결이 담긴 자기 계발서를 통해 흔들리고 방황하더라도 나만의 길을 갈 수 있다. 꿈과 현실의 괴리가 있으니 아프고 힘든 것은 당연하다. 하지만 흔들리지 않고 피는 성공의 꽃은 없다는 것을 명심하자.

자기 계발서 독서로 나의 의식은 현재 크게 변화하였다. 삶을 바꾸기 위해 가장 먼저 해야 할 것은 의식 변화이다. 성공한 사람들에게는 성공자의 의식이 있다. 『부자의 사고 빈자의 사고』에서 저자는 '부자의 사고 방식'을 갖추면 부자가 된 것이나 다름없다고 한다. 사고는 행동과 현실을 바꾸는 강력한 힘이 있기 때문이다. 그는 책에서 옛날 부자와 현대 부자의 차이를 말했다. 지금은 자신의 아이디어나 기술, 경험, 열정을 전부 활용해서 사회에 부가가치를 줄 수 있는 존재가 되면 엘리트 교육을 받지 않아도 돈을 크게 벌 수 있는 시대가 되었다고 한다. 나 역시 김도사님과 함께 "책 쓰기 1인 코칭 교육"을 통해 평범한 사람들에게 자신의 경험을 책으로 내고 1인 창업을 하도록 돕는 일을 하고 있다.

부자가 되고 싶은가? 그렇다면 돈보다 소중한 시간을 카페 수다로 날리지 말고 부와 성공에 관한 책을 읽자. 찢어지게 가난했던 내가 지금 큰 부자가 된 이유는 바로 열정과 책 덕분이라고 생각한다. 소설책 말고 성공자의 스토리와 의식에 변화를 주는 좋은 책을 보자. 나폴레온 힐의 『나의 꿈 나의 인생』, 브랜든 버처드의 『백만장자 메신저』, 엠제이 드마코의 『부의 추월차선』, 오리슨 S. 마든의 『아무도 가르쳐주지 않는 부의 비밀』 등의 책 속에 부자의 길은 이미 안내되어 있다.

7

종잣돈은 빨리
모을수록 유리하다

오래전에 신문에서 "고려 시대 연꽃 씨앗이 700년의 세월을 관통해 꽃을 피웠다."라는 기사를 보았다.

경남 함안군은 함안면 괴산리 성산산성(사적 67호)에서 발견된 고려 시대 연꽃 씨앗을 심어 700여 년 만에 꽃을 피웠다고 7일 밝혔다. 씨앗은 연한 붉은빛의 꽃을 피워 '홍련(紅蓮)'으로 판명 났으나, 꽃잎은 요즘 홍련과는 달리 수가 적고 길이가 긴 것이 특징이다. 이 씨앗은 지난해 국립가야문화재연구소 주관으로 시행된 제14차 성산산성 조사 중 옛 연못 퇴적층으로 추정되는 4~5m 토층에서 발굴된 10개의 연꽃 씨앗 중 1개다. 군은 발굴한 10개의 씨앗 중 2개를 한국지질자원연구원에 보내 방사성탄소 연대 측정 결과, 씨앗 1개는 서기 1160~1300년일 확률이 93.8%, 다른 1개는 서기 1270~1410년일 확률이 95.4%로 나타나 고려시대의 것으로 확인됐다고 설명했다.

– 〈문화일보〉 2010.07.07.

700년 묵은 씨앗이 발화했다니 믿어지는가? 나는 이 기사를 보며 씨앗의 위력을 느꼈다. 그래서 농부들이 보릿고개가 와도 다음 농사지을 종자(種子)만큼은 목숨 걸고 지켰다는 말이 있는 거구나 싶었다. 농사를 짓고, 꽃을 피우고 싶다면 바로 씨앗이 있어야 한다.

씨앗은 꿈으로도 생각할 수 있다. 누군가 품은 700년 전 꿈이 이루어진 것이다. 정말 씨앗의 힘은 위대하다. 씨앗만 있다면, 그 씨앗이 자랄 수 있는 환경만 조성해주면 700년이 지나도 꽃이 핀다는 이야기이다.

마찬가지로 무엇이든 꿈을 이루고 싶다면 돈이 필요하다. 바로 종잣돈이다. 종잣돈은 영어로 seed money이다. 종잣돈은 원하는 목표에 따라 금액이 다양해진다. 왜 돈을 모으는지를 생각해보면 자신에게 필요한 종잣돈의 금액을 알 수 있을 것이다.

어떤 사람은 유럽 여행을 위해 돈을 모으고, 누군가는 가족의 병원비를 위해 돈을 모으고, 학비를 위해 돈을 모으고, 좋은 집으로 이사 가기 위해 돈을 모으는 등 돈을 모으는 이유는 다양하다.

꿈이 빨리 이루어지기를 바라는가? 누구나 자신의 꿈과 목표가 빨리 이루어지기를 소원할 것이다. 그렇다면 종잣돈을 빨리 모아야 한다. 재테크에서 종잣돈은 목돈으로 불리기 위한 종자이다. 얼마나 있으면 목돈으로 불릴 수 있겠는가? 종잣돈은 많으면 많을수록 더 큰 목돈으로 불릴 수 있다. 주식을 하건 펀드를 하건 외화예금을 하건 투자금액이 커야 수익도 커질 확률이 높다. 그래서 우리는 오늘도 악착같이 푼돈을 모아 종잣돈으로 모으고, 이 종잣돈으로 투자를 해서 더 큰 목돈으로 만들기 위해 노력한다. 그런데 돈 모으기가 어디 쉬운 일인가?

대한민국 국민이라면 누구나 단군 신화 이야기를 잘 알고 있을 것이다.

곰 한 마리와 호랑이 한 마리가 같은 굴속에서 살고 있었는데, 항상 환웅에게 사람이 되고 싶다고 기도하였다. 환웅은 신령스러운 쑥 한 심지와 마늘 스무 개를 주면서, "너희들이 이것을 먹고 백 일 동안 햇빛을 보지 않으면 곧 사람의 몸이 될 것이다."라고 하였다. 곰과 호랑이는 이것을 받아서 먹었다. 곰은 삼칠일(21일) 동안 참아서 여자의 몸이 되었지만, 호랑이는 참지 못해 사람이 되지 못하였다.

믿음과 인내로 꿈을 이룬 곰과 이루지 못한 호랑이의 이야기이다. 나는 삶이 힘들 때면 단군신화를 자주 떠올린다. 특히 남편 따라 타지에 가서 아이를 낳고, 바쁜 남편을 기다리며 홀로 키울 때, 자주 생각했다. '빨리 백일만 지나가라.', '6개월만 지나가라.', '빨리 1년이 지나가라.', '어서 2년이 지나가라.' 하며 아이가 빨리 크기만을 기다렸다. 아이에게 미안하기도 했다. '이렇게 예쁜 아이를 나는 왜 이렇게 힘들어할까?' 하며 자책한 적도 많았다. 밤낮없이 모유 수유해야 했던 백일 때까지가 가장 힘들었다. 모유는 잘 나오지 않았고, 4시간마다 수유로 잠이 부족해서 정말 돌아버릴 것 같았다. 그러다 칸디다 곰팡이에 감염되어 수유할 때마다 등에서 번개가 치는 통증이 찾아왔다. 설상가상으로 돌팔이 의사를 만나서 연고 처방이면 2~3일이면 나을 것을 오진으로 인해 한 달 이상 큰 통증을 느끼며 모유 수유를 해야 했다. 시댁이 키가 작은 집안이라 나는 내 아이에게 모유 수유는 목숨 걸고 해야 한다고 생각했다. 가장 좋은 것을 먹이고 싶은 엄마의 마음이자 나의 욕심이었다. 돌아보니 모유는 초유가 중요할 뿐 우유가 더 영양이 있는 거 같아 후회도 했던 경험이다. 그렇게 백일이 지나고 6개월이 지나고 아이가 초등학생이 되었다. 내 아기가 드디어 사람이 된 것이다. 엄마의 눈물과 인고의 시간으로 사람이 된 느낌이었다. 그때는 빨리 시간이 흘렀으면 했지만, 요즘은 아이가 너무 빨리 자라는 것 같아 하루하루가 아쉽다.

이렇듯 곰과 호랑이의 이야기는 내게 꿈과 목표를 향한 인내와 노력으로 강하게 각인되어 있다. 나의 목표와 꿈을 위해 필요한 종잣돈을 모으려면 바로 인내와 절제가 필수 요건이다. 만일 종잣돈 만드는 게 쉬웠다면 세상에는 가난한 사람이 없을 것 같다. 누구나 부자로 잘 살아갈 것이다. 그래서인지 보통의 사람들은 종잣돈을 모을 엄두도 잘 못 낸다. 사람이 되고 싶다는 꿈만 간직한 채 포기한 호랑이로 남는 것이다. 나는 무엇이듯 꿈과 목표의 간절한 크기만큼 실행력이 나온다고 생각한다.

"작년에 같이 근무한 A 말이야. 몇 년 전에 K 아파트 산 거 지금 엄청 올랐대."

"대학 동창 B는 펀드 투자하더니 지금 수익이 엄청나대."

열심히 사는 내 인생은 하루하루 고달프기만 한데, 다른 이들은 부자가 되었다는 이야기는 심심치 않게 들린다. "사촌이 땅을 사면 배가 아프다."라는 말처럼 남 잘됐다는 말이 들리면 사람들의 속마음은 축하보다는 질투가 많다.

"A는 좋겠다. 나는 먹고 죽으려고 해도 돈이 없는데 어떻게 K 아파트를 산 거야?"

"B는 펀드도 초기 투자비용이 많이 드니 큰돈도 번 거겠지. 당장 총알이 없는데 내가 어떻게 투자를 해?"

나는 그들과 다르다며 나의 상황이 훨씬 불리하다고 핑계를 댄다. 안 되는 이유만을 찾는 것이다. 많은 사람들이 투자를 하고 싶고, 자기 계발을 하고 싶어도 결국 '돈'이 없어서 못 한다고 한다. 나의 경우 돈을 모아야겠다는 생각이 든 후 안 쓰고 안 먹고 알뜰히 천만 원을 모았다. 수중에 종잣돈이 생기자 그때부터 자존감이 올라가며, 이 돈을 어찌 굴리나 매일 행복한 고민을 했다. 그리고 투자할 곳을 매일 공부했다. 금리가 높은 은행, 펀드, 주식 등등 매일 노트에 적어가며 비교하고 공부했다. 나의 종잣돈은 천만 원이었던 것이다. 처음 천만 원을 모으고 나서 후회도 되었다. '조금 더 빨리 모을 수 있었는데…. 그땐 왜 모을 생각도 못 했을까?'

생각해보니 그때는 복직하고 나서 새로 이사한 집수리와 새로 옮긴 직장에 적응하느라 눈코 뜰 새 없이 바빴다. 그러나 가장 큰 이유는 종잣돈의 소중함을 몰랐다. 천만 원이라는 돈을 내가 투자도 아닌 월급만으로 모을 수 있다는 사실을 한 번도 생각해본 적이 없었다.

천만 원을 모으고 난 뒤, 나는 나의 무지를 깨달으며 '아는 것이 힘'이라는 것을 경험했다.

종잣돈을 갖고 싶은가? 그렇다면 먼저 하고 싶은 꿈과 목표를 정확히 설정하라. 그리고 간절함의 크기만큼 계획을 세우고 실행하라. 나도 꿈을 이룰 수 있다는 확신부터 가져야 한다. 확신의 힘으로 실행에 옮긴다면 점점 돈을 모으고 있는 자기 자신을 발견할 것이다. 종잣돈은 마음먹기에 따라 모이는 속도가 다르다. 자기 계발을 하건 투자를 하건 내 꿈을 이루건 간에 모두 초기 비용이 든다. 그 돈을 빨리 모을수록 내가 하고 싶은 일을 할 수 있는 총알이 장전된다. 시작이 반이다. 오늘부터 종잣돈 모으기에 돌입하자.

8

내 감정을 다스리면
지출이 통제된다

20대 연아 씨는 얼마 전 백화점에서 신상품이 나왔다는 문자를 받고 퇴근 후 냉큼 백화점으로 달려갔다. 옷을 고르고, 입어보는 동안 직원은 연아 씨를 칭찬했다.

"어머! 예뻐요!"

"이렇게 빨간색이 잘 받는 분은 고객님이 처음이에요! 너무 잘 어울려요."

"이거 색이 참 예쁘네요."

"고객님, 이 옷은 색도 예쁘지만 원단이 좋은 신상인데, 이번 주말만 직원 세일가로 구매 가능해요. 사이즈가 작게 나온 편인데 예쁘게 잘 맞으시네요."

싹싹한 직원의 칭찬을 들으며 기분이 한껏 들떴다. 마치 스스로가 중요하고 가치 있는 사람처럼 느껴졌다. 요즘 직장 스트레스가 컸는데 직원의 관심과 칭찬, 사랑을 받으니 상사의 업무 지적으로 받은 상처가 눈 녹듯 사라지는 기분이다. 이렇게 비싼 코트도 척척 잘 사는 연아 씨를 직원은 부러운 듯한 눈으로 바라보는 것 같다. 마치 부자가 된 것 같아 기분도 좋아진다. 친절한 직원의 안내를 받으며 결제하고 나니 어느새 양손에는 쇼핑백이 한가득이다. 과연 연아 씨는 고가의 물건 값을 지불할 정도로 수입이 충분할까? 전혀 아니다. 최근에는 카드 값이 연체되어 카드깡을 해서 결제 금액을 충당한 아픈 이력도 있었다. 그나마 사 온 옷들을 잘 입는다면 다행이다. 문제는 연아 씨는 고가의 물건을 사고 태그도 떼지 않고 집안에 쌓아두는 경우도 많다는 것이다. 연아 씨도 카드 고지서가 날아오면 스트레스를 많이 받는다. 남들은 잘만 사는데 "나는 왜 부자 부모가 없나!" 하며 애꿎은 부모 원망이 생긴다고 했다. 그러나 점점 소비 욕구는 자제가 안 되어 심리 상담을 받아야 하나 고민 중이다.

당신은 합리적인 소비자인가? 나 역시 고가는 아니지만 충동구매를 해본 적이 많아서 연아 씨의 구매 이유를 알 것 같다. 나도 옷과 신발을 무척 좋아한다. 20대 어느 날 집에 가는 길에 작은 보세 옷가게를 보게 되었다. 마네킹이 입은 연두색 티셔츠가 마침 당시 꽂힌 파스텔 컬러라 내 마음에 딱 들었다. 문을 열고 들어가니 40대 가게 주인과 그 어머니가 담소를 나누고 있었다.

"사장님. 저 앞에 마네킹이 입은 연두색 티셔츠 좀 보여주세요."
"어머~언니! 안목이 넘 세련됐다. 이거 오늘 들어온 신상이에요. 이 티셔츠에는 이 치마랑 같이 입어야 더 이뻐요."

치마까지 풀세트로 입어보게 되었다. 옆에 있는 사장 언니의 어머니는 내가 옷 입은 걸 보며 영업 멘트를 날렸다.

"아가씨! 옷이 너무 잘 어울린다. 몸매가 늘씬해서 마네킹보다 더 태가 좋네!"

이때부터 나의 이성은 안드로메다로 날아가고, 사장 언니가 권해주는 옷은 하나둘 다 입어보며 할머니의 칭찬을 즐기고 있었다. 결국, 나는 티셔츠 한 장 구경하러 들어가서 다른 옷을 4벌이나 더 사서 나오게 되었다.

충동구매자는 어떤 사람들일까? 충동구매자는 대부분 그 물건의 사용 여부와 상관없이 구매하는 사람들을 말한다. 불필요한데도 자꾸 사들이는 이유는 물건을 사용하며 얻는 만족감보다 구매 행동 자체에 만족감을 느끼기 때문이다. 결국, 충동구매자는 필요 없는 물건들을 구매하여 공허한 마음을 채우고자 한다. 그러나 문제는 그 공허한 마음이 절대 사라지지 않는다는 점이다. 심각한 쇼핑중독자는 삶에 끔찍한 공허가 있다거나 마치 덫에 걸린 듯한 문제에 놓인 경우가 많다.

평소 자기주장이 강한 직장동료 B 씨는 어느 날 아파트를 충동구매했다. 더군다나 아파트를 구매한 이유가 직장 스트레스였다고 해서 모두 깜짝 놀랐다. B 씨는 평소 나이가 2살 어린 D 씨와 직장에서 경쟁 관계에 있었다. 업무에서 자주 부딪혔는데, 상사가 D 씨의 의견보다 B 씨의 의견을 잘 들어줘서 열등감이 커 보였다. 그러던 어느 날 B 씨의 의견이 반영되지 않자 D 씨와 크게 싸웠다.

"내가 이 업무에서는 D 씨보다 권한 책임자야. 왜 내 말을 안 듣는 거냐고?"
"하지만 이건 저와 관련된 문제이니, 제가 다 책임지겠습니다."

D 씨가 혼자 책임을 져가면서 업무 추진을 한다고 하니 상사는 이번에도 D 씨의 손을 들어줬다. 그날 저녁, D 씨는 평소 마음에는 담아두었으나 대출 금액이 너무 커서 고민 중이던 아파트를 바로 계약해버렸다. 분노라는 감정을 기분 전환하고자 무려 아파트를 충동구매한 것이다. 보통

충동구매자는 추후 발생할 죄책감에는 아랑곳하지 않고 일단 지른다. 그 결과 과도한 쇼핑으로 인해 빚을 지게 되고 더 큰 스트레스를 받게 된다. 결국 소비는 감정인 것이다.

한때 초등학교 손자를 둔 강남 조부모들 사이에선 입학 선물로 300만 원 안팎의 모피나 승마복을 사주는 것이 유행이었다. 누리꾼들은 "차라리 좋은 책을 사주지.", "손자를 망치는 행위 아닌가?"라며 일침을 놓기도 했다. 과연 그 손자는 고가의 모피와 승마복이 필요했을까? 문구점의 캐릭터 필통이나 유행하는 장난감이 더 필요했을 가능성이 크다. 손자를 위한 선물이 아니라 어른들을 위한 선물인 것이다.

이렇듯 "나 이런 사람이야."라는 것을 드러내는 소비자는 합리적인 소비자가 될 수 없다. 합리적인 소비자는 요모조모 따져보고 구매 결정을 내린다. 그다지 필요도 없는 물건이지만 남들이 알아준다는 이유로 명품이나 일류대학 졸업장 등을 덜컥 사지 않는다. 절대로 브랜드나 주위 사람들의 반응으로 물건을 구매하지 않는다는 말이다. 합리적인 소비자들은 물건을 구입할 때 브랜드보다 필요성에 가치를 둔다. 그리고 물건이 필요하다고 판단을 내리면 물건에 대해 알아본 후 가격 조사에 들어간다. 같은 물건이라면 어느 업체가 튼튼하고 잘 만드는지, 가격은 타당한지 등 실제 효용성에 판단 기준을 둔다.

"브랜드가 아니다. 소비자다. 당신이 스마트 컨슈머가 되는 길"이라는 문구는 노브랜드의 광고이다. 일본에 무지, 미국에 브랜드리스가 있다면 한국에는 이마트의 '노브랜드'가 있다. 적정 품질을 최저가에 파는 것이 노브랜드의 목표이다. '기저귀에 그려진 캐릭터를 영아들이 알아보기나 할까?', '일회용 종이컵이 4시간 동안 버틸 필요가 있을까?' 등의 질문을 던지며 가성비를 극대화한 제품을 판매한다. 그 결과 소비자들은 열광했고 매출은 급상승했다.

마찬가지로 돈을 모으고 싶다면 감정에 휘둘려서 지갑을 열면 안 된다. 물건 자체의 필요성과 가치에 초점을 맞추어 구매한다면 불필요한 지출은 자연히 줄어들게 마련이다. 결국 자존감이 높으면 쓸데없는 돈낭비는 하지 않게 된다. 내 인생의 주인공은 나다. 우선 내가 필요한 것이 무엇인지 잘 파악해야 한다. 물건을 살 때는 내가 기분전환이 필요한 건지, 합리적인 소비를 하는 것인지 잠시 마음속 브레이크를 걸고 생각해보자. 그 후 물건의 가치를 생각하며 똑똑한 소비를 한다면 물건을 쓸 때마다 만족감이 올라갈 것이다. 더불어 지출도 통제되는 '꿩 먹고 알 먹고'의 효과를 누릴 수 있다.

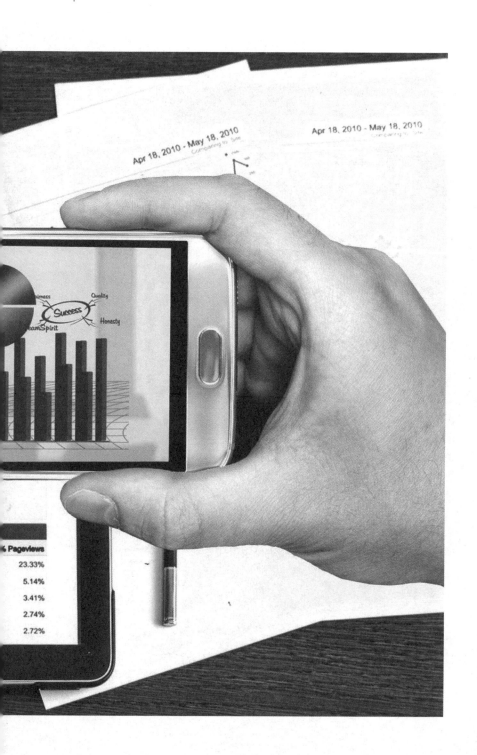

4장

누구나 쉽게 할 수 있는 부수입 창출 비법

1

주식보다 안정성 있는 ETF에 투자하자

최근까지 은퇴 이후 가장 많이 선택한 직업은 프랜차이즈 매장의 사장이 되는 것이었다. 그러나 열에 일곱은 창업한 지 5년 안에 문을 닫는다. 통계청에 따르면 창업한 지 2년이 지난 자영업자의 생존율은 46.3%였다. 하지만 3년이 지나면 38%로 낮아졌고 5년 생존율은 30.9%에 불과했다. 이런 낮은 생존율은 자영업계를 '퇴직 → 자영업체 창업 → 또다시 퇴출'이라는 악순환에 빠뜨리고 있다.

프랜차이즈의 몸집, 가맹점 수 등만 믿고 창업 시장에 출사표를 던졌다간 큰코다치기 십상이다. "수익률이 높다.", "끝까지 책임지겠다."는 말도 믿어선 안 된다. 이 수많은 자영업 '사장님'들은 자신의 처지가 2019년 최저시급 8,350원을 받는 '아르바이트'보다 못하다고 하소연한다.

백세시대! 직장인들은 퇴직 후와 노후에 대한 걱정이 크다. 그렇다면 백세시대에 할 수 있는 투자는 무엇일까? 나는 투자라고 하면 주식이 떠오른다. 주식 투자는 마음먹는 순간 바로 시작할 수 있다. 스마트폰에서 증권사 어플을 깔고 비대면 계좌를 개설하면 된다. 10분도 걸리지 않는다. 그러나 주식시장이 열리는 정규 시간은 아침 9시에서 오후 3시 30분까지이다. 한창 직장인이 업무를 할 시간이다. 지정가 알림을 해두고 내가 지정한 가격이 왔을 때 매수하는 방법도 있다. 그러나 직장인에게는 업무 시간 중 타이밍을 맞추기란 쉽지 않다. 직장 업무와 투자 둘 다 망칠 확률이 높았다.

전설적인 투자자 중 추세 매매의 창시자라 불리는 제시 리버모어가 있다, 그가 성공할 수 있었던 이유는 시장 흐름을 읽는 뛰어난 감각 때문이었다. 1929년 대공황 속에서 1억 달러의 수익을 올렸다. 모두가 매수하고 있던 시기, 추세의 전환을 예측한 것이다. 그는 13살 어린 나이에 주식을 시작해 스무 살에 1만 달러의 수익을 얻기도 했다. 그러나 그의 엄청난 성공은 오래가지 못했다. 전 재산을 걸고 베팅하는 그의 투자 성격 때문에 결국 파산했다.

많은 투자자들이 수익에 눈이 멀어서 안정적인 투자 방법보다 위험성이 높은 주식 투자를 한다. 한 번에 대박 나길 바라는 마음에 몰빵 투자를 했다가 쪽박을 차기도 한다.

'내가 사면 내리고 남이 사면 오른다.'는 주식. 요모조모 따져보니 주식은 자신도 없었고, 직장인에게 적합하지 않다는 생각이 들었다. 막연히 주식 투자에 관심은 많은데 섣불리 시작했다가 실패하기는 싫었다. 그래서 일단 주식에 관해 공부부터 하자는 마음으로 『주식투자는 마음의 사업이다』와 『왜 주식인가?』, 『엄마, 주식 사주세요』를 읽었다. 나는 존 리 대표의 투자 철학이 너무 좋았다. 그래서 주말을 이용해서 메리츠 증권회사의 세미나도 참석하고 메리츠 증권 '샐러리맨' 펀드에도 바로 가입을 했다. 그러나 가만히 보니 존 리 대표의 "최소 20년은 팔지 마라. 회사에 문제가 없으면 팔 이유가 없다. 내가 선택한 주식의 기업과 동업자의 마음으로 투자하라."라는 말은 너무나 이상적이었다. 수많은 투자자들이 하는 생각이 있다. '나는 시장을 이길 수 있는 종목을 알아낼 것이다.'라는 생각이다. 바로 존 리 대표가 강조한 가치투자이다. 그러나 일반인이 저평가 가치주를 찾기도 어렵거니와 우리나라 주식 시장은 존 리가 경험한 미국시장과는 상황이 달랐다. 우리나라 주식시장은 미국의 주식시장보다 주기가 훨씬 짧았다.

그래서 '샐러리맨' 펀드를 해지하고 해외펀드를 공부했다. 2017년에 중국펀드를 몇 개 공부해서 가장 수수료가 저렴한 펀드 온라인 마켓에 직접 투자했다. 여러 개에 분산 투자를 해서 수익이 꽤 났지만, '삼성 중소형 포커스' 펀드는 수익이 거의 나지 않아서 아직도 그냥 넣어 두고 있다. 해외펀드는 주의사항이 많았다. 그 나라의 정치적 상황도 공부해야 했고, 환차익까지 보려면 국제 정세와 환율도 신경 써야 했다. 특히 매수, 매도 타이밍에 신중을 기해야 했다. 환매를 신청한다고 바로 입금되는 것이 아니었다. 2~3일 뒤의 기준가를 적용해서 거의 10일 뒤에 입금되었다. 그 사이 국제 정세 변화가 있으면 가격 변동이 커졌다.

그러던 어느 날 『주식투자 이렇게 쉬웠어?』라는 책을 만나게 되었다. 저자는 일반 직장인에게 가장 적합한 투자는 ETF라고 했다.

상장지수펀드, ETF(Exchange Traded Fund)란 주식과 펀드의 장점만 취합한 금융상품이다. '상장'은 증권거래소에 일정한 자격이나 조건을 갖춘 거래 물건으로 등록되어 있어서 주식처럼 공개적으로 매매할 수 있다는 뜻이다. '지수'는 한두 개의 주식 종목이 아니라 전체 업종의 평균값을 나타내는데, 이 지수에 가격이 연동된다. 예를 들면, 삼성 바이오가 아니라 제약 업종 전체의 지수에 따라 가격이 등락한다. 시장지수 외에도 채권, 달러, 금, 원자재, 부동산 등 다양한 실물자산과 연동된 ETF도 많다. 금에 투자하고 싶으면 'KODEX 골드 선물'에, 달러에 투자하고 싶으면 'KOSEF 미국 달러 선물' 등에 투자할 수 있다.

ETF 투자의 장점은 개별 주식 종목을 고르느라 머리 싸매지 않아도 되고 소액 투자가 가능하다는 점이다. 또 적은 돈으로 코스피 전체 종목에서 투자할 기회를 얻게 된다. 개별 주식을 사면 그 회사의 악재가 터질 때마다 밤에 잠을 잘 수 없을 것이다. 하지만 전체 시장으로 분산해 투자하는 시장지수 ETF는 나라 전체 기업이 망하지 않는 한 반드시 회복한다. 또 장기적으로는 레버리지로 주가의 우상향을 기대하고, 일시적인 하락이 올 때는 단기적으로 인덱스 투자를 하여 하락 시에도 수익을 낼수 있다.

★ 월급쟁이에게 ETF가 적합한 이유

1. 소액으로 우량주에 분산 투자가 가능하다.

ETF는 1주 단위로 매매할 수 있다. 1주의 가격이 5만 원 이하이다.

코스피 200을 추종하는 ETF를 단 1주라도 매매하면 우리나라 대표

우량주 200종목 전체에 분산 투자하는 효과이다.

2. 실시간 거래가 가능하다.

주식과 똑같은 방법으로 거래하므로 누구나 쉽게 할 수 있다. HTS

로 실시간 매수, 매도가 가능하다.

3 수수료가 저렴하다.

주식형 펀드나 인덱스 펀드에 비해 수수료가 저렴하다. 또 ETF는

주식과 달리 매도할 때 증권거래세(0.3%)가 면제된다.

4. 환금성이 좋다.

국내 펀드는 환매 후 3일 이상을 기다려야 한다. 그러나 주식처럼

매도일로부터 2일 안에 받을 수 있다.

5. 경기가 하락세에도 수익을 얻을 수 있다.

지수가 오를 것으로 전망한다면 레버리지 ETF에 투자하라.

반대로 하락할 것으로 전망한다면 인버스 ETF에 투자하면 수익을

얻을 수 있다.

6. 상대적으로 안전하다.

주식보다는 지수에 따라 변동되므로 리스크가 낮다.

연말정산 세테크로
월급 한 번 더 받자

연말정산 시즌이 되면 환급금이 화두이다.

"정완 샘. 얼마 토해내?"

"저 15만 원 돌려받아요~"

"우와!! 싱글인데??? 나는 애가 둘인데, 왜 40만 원이나 토하지?"

예전에 싱글 때 나는 매해 얼마간 세금을 돌려받았다. 그때 나는 연금
저축보험 덕에 세금을 돌려받는 내가 똑똑한 줄 알았다. 연금저축보험은
연간 400만 원 한도로 납입 금액의 100%, 전액 소득공제 혜택을 받을 수
있다. 그래서 한동안 직장인들은 너도나도 가입했다.

사람들은 소득공제를 많이 받아 세금 환급을 많이 받는 사람들을 부러

위한다. 그런데 모든 일에는 기회비용이 있었다. 소득공제를 많이 받는 사람은 신용카드를 많이 썼거나, 양육비와 교육비를 많이 내는 사람, 노령의 부모님을 모시는 사람 등 나름의 이유가 있는 것이다.

소득공제에는 근로소득공제와 종합소득공제가 있다. 근로소득공제는 일정 비율로 정해져 있다. 그래서 소득이 같으면 근로소득공제를 받는 금액도 같다는 것이 중요하다. 반면 종합소득공제는 차이가 있다. 항목이 다양하고 사람마다 해당하는 항목도 각각 다르기 때문이다. 과세표준을 줄이는 비결은 종합소득공제와 관련이 있다. 종합소득공제를 얼마나 인정받느냐에 따라 세금 감면 혜택이 커지는 것이다.

나는 소득공제형 연금저축이 절세용으로 최고인 줄 알았다. 그러나 나중에 알고 보니, 이 상품의 장점이 소득공제의 혜택이 있는 대신 연금 수령 시 연금소득세 5.5%를 내야 했다. 단지 세금 징수의 시점이 미래로 바뀌는 것뿐이었다. 만일 소득공제 혜택이 없는 연금 상품이라면 연금 수령 시 비과세이다. 조삼모사(朝三暮四)였다. 이거저거 비교해보니 연금저축보험 가입은 소득이 많을수록 효율적이고 소득이 적을수록 비효율적이었다. 세금 감면 혜택 때문에 연금저축보험 상품에 가입하는 게 나을까? 아니면 종잣돈을 마련하는 것이 나을까? 그 당시 나처럼 젊고 저소득자는 종잣돈을 모으는 게 더 나았다.

13월의 월급이라는 연말정산! 나는 작년 연말정산에 실패했다. 작년에 나는 무급 휴직을 했다. 그래서 당연히 남편에게 인적공제를 받으면 되는 줄 알고 있었다. 그러니 작년 1년 동안 원래 쓰던 대로 내 신용카드를 쓰고, 내 번호로 현금영수증을 발급받았다. 그런데 어느 날 행정실 직원이 전화가 왔다. 내가 작년 1, 2월 명절휴가비를 받았으니 연말정산 대상자라는 내용이었다. 뒤늦게 찾아보니 1년에 소득이 500만 원 이상이면 연말정산을 해야 했다.

넋 놓고 있다가 한 대 맞은 느낌이었다. 작년에 나는 휴직하면서 집안 정리를 통해 기부를 엄청 많이 했었다. 내 이름으로 받은 기부금 영수증만 50만 원 넘게 받아서 좋아했었다. 그런데 이 모든 것이 나의 무지로 인해서 수포가 되어버렸다. '이게 바로 헛똑똑이로구나….' 후회해도 소용없었다.

요즘 같은 저금리 시대에는 이자 1% 챙기는 것보다 세금을 줄이는 것이 더 효율적이다. '절세'라면 마치 부자들에게 통용되는 이야기 같지만, 나와 같은 유리 지갑 월급쟁이야말로 연말정산에서 절세해야 하는데 이렇게 놓쳐버리다니 속상했다. 그러나 나의 연말정산 실패 경험은 이뿐만이 아니었다.

몇 년 전에 나는 휴대폰 번호를 바꿨다. 그런데 예전 번호로 소득공제 영수증을 연계한 채 쭉 생활해온 것을 깨달았다. 그 사실을 잊고 나는 매번 꼬박꼬박 새 번호로 현금영수증을 챙겼다.

"현금영수증 하시죠?"

"네~."

"번호 입력해주세요."

"010 2652 9693."

바꾼 새 번호를 열심히 누른 것이다. 어느 날 화들짝 놀라서 블로그를 엄청 뒤지며 구제책을 알아보았다. 국세청 홈페이지에서 '과세표준 및 세액의 경정 청구서'를 내려 받아 작성해서 자료 첨부를 하여 제출하는 방법이 있었다. 복잡하고 시간이 오래 걸렸다. 나의 꼼꼼하지 못한 성격 덕에 반성문을 쓰듯 경정 청구서를 작성했다. 세금은 용어도 복잡하고 어려워서 국세청 콜센터에 전화해서 자세히 물어보고 더듬더듬 따라 했다. 그 결과 최근 몇 년 치는 돌려받을 수 있었다. 최근 5년 내만 구제된 금액은 5만 원이었다. 속이 마구 쓰렸다.

★ 놓치기 쉬운 연말정산의 팁

1. 환급 많이 받는 사람 부러워하지 말자.

더 많이 신용카드를 사용하고 교육비가 더 많이 들었다는 말일 수

도 있다. 정말 연말정산의 위너는 남들이 놓친 공제항목도 잘 찾아

내고, 주어진 공제항목은 절대 놓치지 않고, 가족 중 누가 공제받는

것이 나은지 꼼꼼히 계산해보고 치밀하게 전략적으로 준비하는 자

이다.

2. 현금영수증을 챙기자.

현금영수증의 소득공제율은 30%이지만 미리 등록하지 않으면 소

득공제를 받을 수 없다. 휴대폰 번호로 현금영수증을 사용한다면,

휴대폰 교체 시 바로 국세청에서 등록하자. 나처럼 잊고 있다가 손

해를 보는 우(愚)를 범하지 말자.

3. 연말정산 개정 사항을 확인하자.

거의 매년 바뀐다. 월세 공제의 경우 1년 간 지불한 월세 가운데

750만 원 한도로 최대 12%가 세액 공제된다. 전용면적 85㎡ 이하

에 거주하고 연 소득이 7000만 원 이하인 무주택자면 신청할 수 있다. 주민등록등본, 부동산 임대차 계약서 사본, 월세 지불 증명서류를 제출하면 된다.

4. 꼼꼼하게 공제 항목을 챙기자.

소득이 100만 원 이하 60세 미만 부모님은 의료비 공제가 가능하다. 암, 치매, 난치성 질환 등 장기간 치료 환자는 장애인 공제를 받을 수 있다. 부모님과 삼촌, 공제받지 않은 조부모의 기본 공제, 경로 우대 공제, 의료비 공제가 가능하다.

5. 맞벌이 부부의 전략

의료비와 신용카드 등 이용 금액은 종합소득이 적은 배우자가 공제받는 것이 유리할 수 있다. 미리 홈택스 앱으로 간단한 시뮬레이션을 해볼 것을 추천한다.

6. 경정청구

직장에 알리고 싶지 않은 공제항목이나 연말정산 때 빠뜨렸거나 누락된 항목이 있다면 국세청 홈페이지에서 경정청구가 가능하다.

3

부자가 되고 싶다면
우선 집안 정리부터 하자

어느 날 동네에 낯선 차가 한 대 주차된 것을 보았다. 그 차는 유리창이 깨져 있었다. 며칠 후에는, 누군가 깨진 유리창 사이로 휴지를 던졌다. 다음 날 보니, 누가 깨진 유리창으로 손이라도 넣었는지, 차 문이 활짝 열려 있고 몇 가지가 없어진 것처럼 보였다. 오후에 지나가다 보니, 핸들이 없어져버렸다.

다음 날은 바퀴 네 개가 다 없어졌고, 어느 날은 몸체만 남고 모든 것이 다 없어져버렸다. 차가 멀쩡히 그냥 있었다면, 그리 쉽게 차를 분해해서 훔쳐갈 생각을 하지 않았겠지만, 차 유리가 깨져 있는 것을 시작으로 일이 점점 커지게 되었다. 내가 먼저 범죄를 저지를 자신이나 용기(?)는 없지만, 누군가 먼저 흠집을 냈다면, '나도 조금…' 하는 생각을 하게 되는 것이다. 이것은 군중심리, 그리고 도덕적 해이와도 연결이 된다. 바로 '깨진 유리창의 법칙(Broken Windows Theory)'이다.

길을 걷다가 지저분한 곳을 지나게 되면 눈살이 찌푸려지며 '여긴 왜 청소도 안 하지?' 하면서 급하게 발길을 재촉한 경험이 있을 것이다. 이런 곳의 쓰레기를 내가 치울 생각은 전혀 안 든다. 빨리 벗어나고 싶을 뿐이다. 이처럼 더러워진 곳을 보면 기분이 나빠진다. 그러나 깨끗하고 잘 정리된 곳을 보면 얼굴에 미소가 번지면서 오래오래 머물고 싶다. 영감이 떠오르는 듯하기도 하다. 만일 이 공간에 누군가 휴지 하나를 버렸다면? 안타까운 마음에 주워서 버릴 확률이 크다. 나 역시 이 공간이 깨끗하게 유지됐으면 하는 마음이 있기 때문이다. 예쁘고 좋은 것을 보고 기쁨을 누리는 것은 인간의 본성이다. 그래서 잘생기고 멋진 연예인 사진을 보면 '안구 정화'된다고 하며 좋아하나 보다.

오래전에 도미니크 로로의 『심플하게 산다』는 책을 읽고, 필(feel)을 받아서 한동안 정리에 심취한 적이 있다. 저자는 이렇게 말했다.

"이 시대를 살아가는 우리는 심플하게 사는 법을 모른다. 우리에게는 지나치게 많은 물건들이 주어져 있다. 선택할 것도 많고 욕망도 유혹도 많다. 우리는 뭐든지 쓰고 뭐든지 버린다. 일회용 식기, 일회용 볼펜, 일회용 라이터, 일회용 사진기 등. 이 모든 낭비를 멈춰야 한다. 양적으로만 풍요로운 삶은 은혜롭지도 우아하지도 않다. 그런 삶은 영혼을 망가뜨리고 옥죌 뿐이다. 심플한 삶, 바로 이것이 많은 문제를 해결해준다. 너무 많이 소유하려는 것을 멈추자. 그러면 자신을 돌보는 데 더 많은 시간을 할애할 수 있다. 몸이 편안하면 정신을 가꾸는 데 집중할 수 있고, 의미로 충만한 삶에 다가갈 수 있다."

지나치게 많은 물건은 우리 자신을 앗아가고 잠식하고 본질에서 멀어지게 한다. 더불어 정신도 쓰레기가 꽉 찬 창고처럼 혼란스럽다. 물건이 늘어나게 내버려 두면 결국에는 혼돈과 근심, 피로감만 가득해진다.

"쿵쿵쿵. 쿵쿵쿵."

위층의 발망치 소리가 또 들렸다. '잊을 만하면 한 번씩 크게 들리는 것은, 내가 이 소리에 익숙해져서일까? 아니면 이들이 나를 배려해서 발망치의 강도를 조절하는 것일까?'

참다 참다 올라갔다.

"누구세요?"

기분 나쁜 표정으로 문을 연 위층 여자는 정말 뚱뚱했다. 그 딸 역시 엄마와 같은 몸매였다. 그 몸무게를 다 실어서 걸어 다니니 얼마나 쿵쿵댈지 짐작이 되었다.

"아래층이에요. 너무 쿵쿵 소리가 심해서요. 조금 조심히 걸어주시면 좋겠어요."

"너무 예민하신 거 아녜요? 우리 여기 산 지 10년이 넘었는데 처음 듣는 소리에요. 그럼 걷지 말고, 날아다니라는 말인가요?"

말 같지도 않은 변명과 오히려 나를 예민한 환자 취급하는 말들을 들으며 그 집의 거실이 눈에 들어왔다. 같은 평수의 아파트인데 정말 작아 보였다. 집 안에 물건이 꽉 들어차 있어서 숨쉬기도 힘들었다. '이렇게 물건을 많이 들이고 살면 답답하지 않을까?' 그들의 군살만큼 집에도 군살이 가득했다. 가난한 사람들의 생활 습관이 집에도 반영되어 보였다.

어차피 말해봤자 소용도 없는데, 괜히 가서 내 기분만 상했구나 하며 우리 집에 들어오니 나는 크게 정리를 잘하지도 못하는데 상대적으로 훨씬 넓고 쾌적했다. 물건이 적기 때문이다. 숨통이 트였다.

『인생이 빛나는 정리의 마법』의 저자 일본 최고의 정리 컨설턴트 곤도 마리에는 말했다.

"정리가 잘되면 스트레스가 없어지고, 회사와 가정에서 성공과 행복이 찾아오게 된다."

많은 사람들이 정리하지 못하는 가장 큰 원인은 물건이 많기 때문이다. 또한, 물건이 늘기만 하는 주된 원인은 자신이 가진 물건의 양을 파악하지 못해서라고 한다. 정리 후에는 우리의 사고방식뿐만 아니라, 인생까지 달라질 수 있다고 한다.

시험 날짜가 다가오면 나는 책상 정리부터 한다. 아마 많은 사람들이 공감할 것이다. 자질구레한 것들을 치우고 나면 머리가 맑아지면서 집중이 잘된다.

마찬가지로 꼭 필요하고 보기에도 좋은 물건 몇 가지만 두고, 나머지를 치우면 집은 평화로운 안식처가 된다. 부자들은 하나같이 넓은 공간에서 물건 하나를 두어도 고급스러운 것을 둔다. 그리고 오래 쓴다. 물건도 그 집의 하나의 구성원이 되는 것이다.

불필요한 물건을 버리고 소유하고 있는 물건 하나하나가 내 마음을 설레게 한다면 삶이 행복하지 않을까? 이것이 바로 정리의 마법이다. 우리는 정리를 통해 과거를 돌아보고, 나 자신을 파악할 수 있게 된다. 그리고 판단력, 결단력, 자신감 등이 생긴다. 부자들은 여유로운 공간에서 가장 좋은 물건들과 생활한다. 우리도 부자가 되고 싶다면 우선 집안 정리부터 하자. 비워진 공간에 가장 좋은 물건 하나만 신중히 선택해서 들이자. 어느덧 나도 부의 길로 들어서게 될 것이다.

★ 집안 정리의 장점

1. 자신이 진정 원하는 것이 무엇인지 알게 된다.

내가 가진 물건은 나의 선택의 역사가 반영되어 있다. 정리를 하면

꼭 필요한 물건과 진정한 나를 파악하게 된다.

2. 판단력과 결단력이 생긴다.

정리하며 버리는 과정에서 자연스럽게 판단력, 결단력이 키워진다.

더불어 자신감도 상승한다.

3. 마음에 여유가 생긴다.

정리를 하면 내 기분이 좋아진다. 넓어진 공간만큼 내 마음의 여유

가 생긴다.

4. 꼭 필요한 물건을 사게 되어 돈을 아낀다.

5. 필요한 물건이 적재적소에 배치되어 물건 찾는 시간을 단축한

다.

절대 실패하지 않는 재테크,
강제 저축

서민들의 탈출구이자 희망 고문 '로또'가 있다. 하지만 로또 1등 당첨 (일확천금)이 희극으로 시작해 비극으로 끝나기도 한다.

국내는 물론 해외에서도 일확천금을 얻은 로또(복권) 비극의 사례는 많다. 미국 사업가 잭 휘태커가 대표적이다. 3억 1500만 달러의 돈벼락 을 맞은 그는 복권판매상에게 집과 차를 선물하고, 자선단체에 통 큰 기 부를 하기도 했다. 하지만 이후 음주운전, 술집 주인 폭행, 도박 등으로 460건의 소송에 연루돼 5년 만에 당첨금 전액을 탕진했을 뿐 아니라 이 혼까지 했다. 휘태커는 "복권 당첨은 축복이 아니라 저주였다."라고 고백 했다. 전문가들도 복권 당첨으로 거액이 생긴 후 인간관계(가족 포함)가 무너질 수 있을 뿐 아니라 노동 의욕의 상실로 더 허황한 삶을 살게 될 수도 있다고 경고했다.

한 가지 특이했던 점은 로또 당첨자의 63%가 가난한 사람들이라는 사실이다. 로또 전문 포털 로또 리치에서 지난 3월 매주 로또를 구입하는 사람 1천 534명 중 972명이 한 달 생활비가 150만 원 이하라고 응답했다. 한 달 생활비 50만 원 이하도 391명이나 됐다.

제이 자고르스키 보스턴 대학 부교수는 BBC 기고문을 통해 "당첨자들은 평균적으로 당첨 이후 10년간 수령금의 16%만을 절약하고, 나머지는 탕진한다."라며 "실제 복권 당첨자 중 3분의 1가량은 파산하기도 했다."라고 전했다.

– 〈매일신문〉 2020.05.08.

월급쟁이 직장인들의 로망인 로또! 그런데 로또 당첨자들의 비극 사례는 잊을 만하면 한 번씩 나와서 세상을 떠들썩하게 한다. 돈만 있으면 세상이 핑크빛일 것 같은데 왜 이런 일이 벌어지는 걸까?

이지 컴 이지 고 (Easy come, Easy go)라는 말이 있다. 쉽게 얻으면 쉽게 없어진다는 말이다. 우리는 돈만 많아지면 부자가 되리라고 생각한다. 그러나 우연히 큰돈이 들어온다고 해도 유지가 되는 것이 아니었다. 쏟아지는 부를 감당하지 못하니 패가망신을 하는 것이다. 부자의 그릇부터 키우라는 말이 이래서 나오는구나 싶다.

자신의 전부를 축구에 쏟은 최고의 축구 스타 데이비드 베컴이 있다. 어린 시절 이스트 런던에 살았던 그는 근처 공원에서 늘 똑같은 자리에서 몇 시간씩 축구공을 찼다. 베컴의 아버지는 당시를 이렇게 회상했다.

"그 아이는 놀라울 정도로 축구에 몰입했습니다. 때로는 내 아들이 운동장에서 산다는 생각마저 들었지요."

이 말에 베컴도 동의했다.

"내 성공의 비결은 연습입니다. 인생에서 특별한 목표를 달성하려면 노력하고 또 노력하고 또 조금 노력하고 또 조금 더 노력해야 한다는 게 내 신조입니다."

이런 지독한 노력은 열네 살 때 결실을 보게 된다. 베컴은 사람들의 주목을 받게 되었고, 세계 최고의 축구클럽인 맨체스터 유나이티드의 유소년팀에 입단하게 된 것이다.

셰필드 대학교에 몸담은 스포츠 공학 그룹의 책임자 매트 카레이는 오랜 시간을 베컴의 트레이드 마크인 스핀 킥에 관해 연구한 적이 있다. 그는 베컴의 스핀킥에 대해 이렇게 말했다.

"베컴은 발 안쪽으로 공의 상단 측면을 차는 톱스핀 방식의 킥을 한다. 그렇게 차면 공이 바나나처럼 휘어서 날아가게 된다. 베컴은 어렸을 때부터 그 기술을 반복해서 연습했다. 마치 타이거 우즈가 골프공을 역회전시키는 기술을 오랫동안 연습한 것과 같다."

성공한 사람들은 자기 일에 푹 빠질 줄 아는 사람들이었다. 세상에 공짜는 없다! 성공을 위해 전제되어야 할 것이 있다. 성공한 사람들에게는 끊임없이 갈고 닦은 인내심과 노력, 끈기와 열정이 있었다. 마찬가지로 누구나 되고 싶은 부자가 되려면 어떻게 하면 될까?

일단 가장 실천하기 쉬운 저축부터 시작해야 한다. 저축만 한다고 부자가 될 수는 없다. 저축을 통해 종잣돈을 만들고 종잣돈으로 투자를 해나가야 한다. 종잣돈 만드는 방법에는 다양한 루트가 있겠지만, 부자들이 저축을 추천하는 이유가 있다. 강제 저축을 통해 부자들의 기초 습관인 지출 통제와 끈기, 노력 등이 길러지기 때문이다.

나는 원래 저축과는 무관한 사람이었다. 부자가 되려면 주식이나 부동산만이 답이라고 생각했다.

"저축 그거 해서 이자를 얼마나 받는다고?"

투자를 중시하는 부모님에게 자주 들은 말이었다. 그렇다고 내가 주식이나 부동산을 잘 알지도 못했다. 나는 편견만 많고 노력은 하지 않은 채 부자가 되고 싶어 하는 욕심쟁이였다. 그러다 복직하고 6개월 뒤, 여윳돈이 생기면서 돈을 관리해야 할 필요성을 느꼈다. 그때 내가 만난 책이 『심리계좌』, 『당신이 속고 있는 28가지 재테크의 비밀』, 『EBS 다큐프라임 자본주의』이다.

특히 『심리계좌』는 힘들게 투자하다 원금마저 다 까먹지 말고, 절대 잃지 않는 재테크인 저축만 해도 돈 걱정 없이 살 수 있다고 했다. 투자 공부는 어려우니 일단 속는 셈 치고 저축을 하기로 했다. 그런데 책을 보니 아무 은행이나 그냥 가는 것이 아니었다. 저축도 공부가 필요했다.

금리는 세전 금리와 세후 금리가 있다. 우리가 받는 최종 금리는 세후 금리이므로 세후 금리로 계산을 해야 한다. 이자에도 세금이 부과되었다. 일반 시중은행과 저축은행은 15.4%의 이자소득세가 부과되지만, 세금 우대를 신청하면 1인당 1,000만 원까지는 세금 우대로 9.5%만 세금을 내면 되었다. 반면 신협이나 새마을금고의 세전금리는 저축은행보다 낮지만, 세후금리는 더 높았다. 그 이유는 농특세 1.4%만 부과하기 때문이었다. 그래서 알게 된 사실은 금리 높은 저축은행이 아닌 금리가 높은 신협이나 새마을금고를 찾아다니는 것이 유리했다. 단, 개인 당 3천만 원까지만 농특세가 적용되었다.

그렇다면 금리 높은 신협이나 새마을금고를 찾아 연차 내고 차비들이면서 찾아다녀야 할까?

그것은 어리석은 행동이었다. 정기적금에 월 100만 원씩 넣는다고 가정하면 연 0.1%의 금리 차이에 해당하는 연간 이자는 고작 5,000원에 불과했다. 5천 원을 위해 시간과 차비를 날리는 수고는 하지 말아야 한다. 강제 저축에서 중요한 것은 금리가 아니라 지출 통제였다. 이자 1~2만 원에 여기저기 은행 비교할 시간에 저축액을 더 늘리는 것이 더 현명하다고 했다.

나는 책을 찾아보며 저축을 공부하고 시작했다. 먼저 수입의 30%부터 저축을 시작했다. 집 근처 신협과 새마을금고에 비과세 3,000만 원 한도에 맞춰서 6개월 적금과 1년 만기 예금을 몇 개 개설했다. 그 결과 6개월, 12개월 저축 만기가 다가오자 지출이 통제되면서 나의 자존감이 상승했다. 드디어 저축 습관이라는 근력이 붙은 것이다. 신기한 것은 선 저축, 후 지출임에도 생활이 쪼들리지 않았다. 누구나 할 수 있는 절대 실패하지 않는 재테크, 강제 저축을 추천한다.

5

돈 되는
취미 생활을 하자

2005년 스탠포드 대학교 졸업식, 요란한 박수갈채를 받으며 한 사람이 등장했다. 졸업식 축사를 한 그는 1학년을 마치기도 전에 대학을 그만둔 애플의 스티브 잡스였다. 그는 자신이 걸어온 인생의 여정들이 각각 하나의 점이 되어 연결되었음을 이야기했다.

그가 말한 세 가지 중 한 가지만 소개하겠다.

"저는 리드 칼리지 대학에 입학한 지 6개월 만에 자퇴했습니다. 대학 생활이 저에게 그만한 가치가 없다는 것을 느꼈습니다. 그 당시 저는 제 인생에서 진정으로 원하는 게 무엇인지, 또 대학 생활이 그것을 알아내는 데 얼마나 도움이 될지 알 수 없었습니다. 저는 모든 일이 다 잘 될 거라고 믿으며 자퇴를 결심하였습니다. 그 당시엔 몹시 두렵고 겁이 났지만, 돌이켜 보면 제 인생 최고의 결정 중 하나였던 것 같습니다. 자퇴를 결심한 후 흥미 없었던 필수 과목 대신 흥미로운 강의들을 찾아 듣기 시작하였습니다. 그 생활은 그다지 낭만적이지 않았습니다. 친구 집에서 자기도 했고, 5센트짜리 코카콜라 병을 팔아 끼니를 때우기도 했습니다. 매주 일요일 밤마다 그나마 괜찮은 음식을 먹기 위해 11km를 걸어서 해어크리슈나사원에 가기도 했습니다. 자퇴한 상황이라 정규 과목을 들을 필요가 없어 서체에 대해 배워보기로 결심했습니다. 저는 세리프체와 산세리프체라는 서체를 배웠는데, 이것에 흠뻑 빠졌습니다. 10년 후 매킨토시 컴퓨터를 구상할 때 그 기술들을 매킨토시 디자인에 쏟아부었고 아름다운 서체를 지원하는 컴퓨터가 되었죠. (중략) 다시 말하지만, 우리는 미래를 내다보면서 점을 이을 수는 없습니다. 우리는 오직 과거를 돌이켜보면서 점을 이을 수 있을 뿐입니다. 따라서 여러분들은 지금 잇는 점들이 미래의 어떤 시점에서 서로 연결될 것이라는 믿음을 가져야만 합니다. (중략) 여러분의 시간은 한정되어 있으니, 다른 사람의 삶을 사느라 시간을 허비하지 마세요. 다른 사람의 생각에 얽매이는 도그마에 빠져 살지 마세요. 시끄러운 타인의 목소리가 아닌 여러분의 내면에서 우러나오는 마음의 소리를 들으세요. 가장 중요한 것은 자신의 마음과 직관을 따르는 용기를 갖는 것입니다. 그것들은 이미 당신이 무엇을 진정으로 원하는지 알고 있습니다. 다른 것들은 모두 부차적입니다."

스티브 잡스의 유명한 연설문이다. 나는 이 연설문을 영어로 반복해 들으며 소름이 돋았고, 오랜만에 가슴이 설레었다. 재미없던 필수 과목 대신 흥미로운 서체 강의를 듣고, 빠져든 스티브 잡스! 결국, 대학 자퇴 후 청강으로 들었던 서체(캘리그라피체)를 컴퓨터 글씨체로 입혀 "매킨토시"를 만들어 성공하였다. 취미를 하나 배워도 제대로 배워야 함을 느꼈다.

어느 날 가족과 함께 뷔페식당에 갔었다. 음식을 담아서 맛있게 먹고 있는데 옆 테이블의 대화 소리가 커서 다 들렸다.

"애들이 커가니 돈 들어갈 데는 많고 걱정이야."
"너도 일을 좀 하면 어때?"
"무슨 일? 내가 할 줄 아는 게 뭐가 있어? 아무것도 없어."
"보험설계사 어때? 아는 언니 보니까 잘 벌더라."
"그거 영업이잖아…."

이어서 "남편의 벌이가 요즘 시원찮고 곧 퇴직할 것 같다, 누구 시댁은 잘 살아서 매달 돈을 준다더라." 등 남을 부러워하는 시시콜콜한 대화가 이어졌다. 요지는 결혼 전 회사에 다니다가 육아로 경력단절녀가 되었다. 그 후 애들 학원비 등 돈이 필요해서 취직을 해야 한다는 것이었다.

대부분 주부들의 레퍼토리였다. '만일 주부로서, 가족의 인생만 돌볼 것이 아니라 자기만의 확실한 취미가 있었다면 어땠을까?' 하는 생각이 들었다.

나의 취미는 1년에 4번 크루즈 여행을 가는 것이다. 사실 나는 여행에 별로 관심이 없는 사람이었다. 결혼하고 여유가 생긴 뒤에야 '힐링을 제대로 해야겠다.'라고 생각해서 여행을 호화스럽게 한 번 다녀왔다. 그 뒤 '여행이 이런 거구나!' 하고 깨닫고 재미를 붙이려는 찰나에 크루즈 여행에 대해 듣게 되었다. 14박 15일 홍콩 출발 동남아 크루즈 여행이 100만 원에 가능하다는 이야기였다.

"이게 말이 돼?"

직접 알아보니 정말 비행기 값 포함해서 100만 원대였다. 4박 5일 일정 싱가폴 크루즈가 비행기 값까지 포함해서 2명인데 200만 원도 안 들었다. 한 명당 100만 원도 안 든 거다. 일본이나 중국 출발 크루즈를 타면 당연히 더 저렴한 비용으로 갈 수 있었다. 비행기 값이 20~30만 원 정도고, 크루즈 값이 400~500달러니까 한국 돈 70~80만 원에 크루즈를 이용할 수 있었다. 크루즈 여행은 평생의 꿈이 아니다. 당장 떠날 수 있는 여행이다. 방법만 안다면 누구나 100만 원대로 국내 여행하듯 다녀올 수 있다. 크루즈 여행은 모든 여행의 어머니라고 할 수 있을 만큼 가성비가 최고이다. 나는 2018년 3월, 가족을 비롯해 양가 어머니를 모시고 함께 동남아 14박 15일 일정으로 첫 크루즈 여행을 무작정 다녀왔다. 바다 위에 떠다니는 호텔이라는 말이 정답이었다. 최고의 고객 서비스, 무료 식사, 무료 공연, 야외 수영장, 키즈클럽, 카지노, 각종 액티비티 등 크루즈에서의 생활은 말 그대로 초호화 여행이었다. 그 이후 나는 사람들에게 배낭여행, 신혼여행, 가족 여행, 효도 여행으로 크루즈 여행을 추천하고 있다.

크루즈 여행을 싸게 가는 팁은 1. 미리 예약하라. 2. 크루즈 멤버십을 이용하면 거의 절반 이용으로 크루즈를 갈 수 있다. 3. 나의 저서 『나는 100만 원으로 크루즈 여행 간다』와 유튜브 〈권마담 TV〉에 상세 설명이 나와 있다. 4. 원한다면 크루즈는 네트워크 마케팅으로 돈을 벌 수도 있다.

『배움을 돈으로 바꾸는 기술』의 저자 이노우에 히로유키는 교양이든 기술이든, 자격증을 공부하든, 어학 공부를 하든, 종류를 막론하고 적극적으로 공부하다 보면 자기장 같은 파장이 저절로 발달해서 최상의 배움을 끌어당겨오게 된다고 한다. 저자는 치과의사로서의 기술을 향상하고 치과에 관한 최신 정보를 접하고 싶다는 생각을 했다. 그 뒤 경영 공부를 시작했고 연간 4억 엔의 매출을 올리고 있다.

"난 뭐부터 배워야 하나요? 어느 것을 선택할까요?"

내가 좋아하는 것에 진정한 관심을 가지면 분명 스스로 대답을 찾을 수 있다. 항상 배움에 대한 끈을 놓지 않고 호기심을 가지고 있으면, 점차 그 마음이 축적된다. 그 순간, 자신에게 진정 필요한 것이 끌려오게 되어 있다. 어느 분야에서건 특별한 취미와 능력을 보여줄 수만 있다면 그것이 당신만의 최고의 스펙이 될 수 있다. 모든 성공한 사람들은 하나같이 많은 경험과 깨달음으로 그들만의 특별한 스토리가 있다. 나만의 달란트를 찾고 이왕이면 돈이 되는 취미 생활을 해라.

6

중고나라로 부수입 얻고, 기부로 연말정산 환급받자

대부분의 여자들이 쇼핑 중독에 빠지는 시기는 아마 임신과 출산 준비부터 어린 아기 양육할 때가 아닐까 싶다. 외동아이 하나 키우는 데 뭐가 그리 필요한 것이 많은지…. 나는 출산 준비부터 스트레스를 받았다. 내가 만일 시간적 여유가 있는 예비 엄마였다면 출산 준비 과정이 즐거웠을 것 같다. 나는 임신했을 때, 대학에 5개월간 파견 연수 중이었고, 일주일에 한 번은 서울에 있는 대학원에 논문 지도를 받으러 다녔다. 나의 하루 최대 이동 도시는 네 군데였다. '대전-공주-서울-대전' 내 몸이 하나 더 있어도 모자랄 판국에 아이가 생겼다.

스파르타 기숙학원에 입학한 듯 힘들었던 파견 연수는 8월에 종료했고, 논문 심사는 12월이었다. 내 아들은 11월 12일에 태어났다.

'복동아. 아직 나오면 안 돼. 엄마가 아직 준비가 안 됐어.'

11월 초, 아이가 나올까 봐 노심초사하며 대학원 가는 KTX 안에서 논문을 썼다. '나는 왜 이리 고달프게 사는 팔자인지….' 스스로가 원망스러웠다. 그런데 지금은 『버킷리스트 22』, 『0원으로 시작하는 짠순이 재테크 습관』에 이어 이 공저 책을 쓰는 중이다. '역시 가만 있는 팔자는 못 되는구나.' 싶다. 나는 특별한 삶을 원하는 욕심쟁이다. 태명이 '복동'이던 내 아가가 벌써 "엄마, 엄마." 하며 온종일 송아지처럼 엄마만 찾아대는 껌딱지 초등학생이 되었다.

아이가 어릴 때, 아이 물건을 살 때마다 고민에 빠졌다. 좋은 것을 사자니 가격 부담이 크면서도 외동이라 오래 못 쓰게 되고, 저렴한 것을 사자니 물건이 별로였다.

그러던 어느 날 핫딜 때 쟁여두었던 '독일산 팸퍼스 드라이' 기저귀가 5박스 정도 남게 되었다. 한 박스 당 시중 가격이 6만 원인데, 나는 한 박스 당 4만 원에 사두었다. 역대급 할인이어서 엄마, 아빠, 남편과 내 아이디를 총 4개 동원해서 저렴하게 잘 사서 뿌듯했던 쇼핑이었다. 그러나 아이가 갑자기 기저귀를 하루 만에 떼버리면서 남은 30만 원 상당의 기저귀를 어찌 처치할지 고민하게 되었다. 나는 말로만 듣던 '중고나라'를 처음 알아보았다.

중·고등학생들이 많이 사기 친다는 중고나라. '과연 내가 할 수 있을까?' '중고나라'를 알아보니 물건 살 때가 사기 문제가 있어서 위험한 것이지 파는 것은 문제가 없었다. 일단 내가 판매하려는 기저귀를 검색하고 남들은 어떻게 파는지 찾아보았다. 그중 가장 마음에 드는 문구를 벤치마킹해서 따로 적어두고 비슷하게 나도 판매 문구를 만들어서 올렸다.

> 2013년 형 팸퍼스 베이비드라이 4단계(192개) 판매합니다.
>
> 직거래 시 박스 당 45,000원(직거래는 주말에만 가능)
>
> 택배 시 박스 당 4,000원 택배비 있습니다.
>
> 미 개봉 새 박스! 사진을 위해 한 박스만 테이핑 부분 살짝 뗐습니다.
>
> 010 – 0000 – 0000으로 연락주세요.
>
> (저녁 11시까지만 문자 확인합니다.)
>
> 반품 및 에누리, 예민, 까칠 맘은 사양합니다.

처음 '중고나라'에 기저귀를 판다고 하니 남편은 반대했다. 이유는 개인정보 유출이었다.

"당신, 돈이 많은가 봐? 털릴 개인정보가 많아? 그리고 우리 개인정보는 이미 중국에서 다 가져갔다고 봐."

남편한테 판매 얘기한 것을 후회하며, 개인정보는 판매 완료와 동시에 삭제할 거니 걱정하지 말라고 설득했다. 처음 중고나라에 기저귀 판매를 올리고 나서 시험 결과 발표를 기다리는 양 떨렸다. '과연 반응이 올 것인가?' 그런데 3분도 채 지나지 않아 내 휴대폰에 불이 났다.

"고객님이야!!"
"진짜?"

남편도 신기해했다. 나는 5분도 안 돼서 4박스를 다 팔았고, 불발(구매 취소) 시 대기를 하고 싶다는 고객도 여럿이 댓글과 문자를 보내왔다. 그럴 수밖에 없는 것이 시중에는 6만 원씩 판매되는 물건을 나는 4만 5천 원에 팔았다. 그런데도 나는 2만 원이 이득이었다.

이날 나는 장사를 처음 알았다. 그날부터 필요 없는 것들을 정리하기 시작했다. 주말에 날 잡아서 나는 판매 글을 올리고, 고객 응대와 택배사 예약을 했다. 남편은 사진 찍고, 포장하는 것이 우리 집의 주말 풍경이 되었다.

그다음에는 수유 나시와 임부 레깅스를 팔았고, 아기 체육관, 힙스트, 러닝홈, 다이나모프리 신발, 미끄럼틀, 에듀볼, 롤러코스터 장난감, 짐보리 오볼, 아기 코끼리 코야, 딸랑이, 기탄 놀배북, 블루래빗 전집, 그랜드 킹덤 미끄럼틀 등 아이 용품은 안 쓰면 다 정리해서 팔았다. 어느덧 20건 넘게 팔면서 내가 물건을 올리면 금세 나갔다. 나는 신용이 좋은 판매자가 된 것이다. 어느 날 뭘 팔까 하며 집안을 기웃거리는 나를 보고 남편이 한마디 했다.

"나도 갖다 팔지 그래?"
"당신은 안 팔릴 걸? 재활용 딱지 사다 붙이면 누가 가져가려나?"

이제 나는 남편과 장난도 주고받을 만큼 베테랑 판매자가 되었다. 개인정보 유출 때문에 반대하던 남편은 포장의 달인이 되었다.

안 팔리는 책이나 어른 책은 '알라딘'에 팔았다. 스마트폰으로 책 뒤표지에 있는 바코드를 찍으면 책의 매입 여부와 평균 매입 단가를 바로 확인할 수 있었다. 그러나 단가가 너무 낮아서 '중고나라'에서 안 팔리는 책만 팔았다. 이렇게 아이 용품을 많이 팔았음에도 어느 날, 집안을 둘러보니 점점 너저분해지는 기분이었다. 중고나라는 팔리는 물건은 한정되어 있었다. 나머지 물건 처치를 고민하다가 기부를 알게 되었다. 내가 알아본 곳은 '아름다운 가게, 옷캔, 굿윌스토어, 느티나무도서관(책만 기부 가능)'이었다. 나는 그중에 '굿윌스토어'를 골랐다. 장애인 단체라서 내가 기부하면 장애인들의 일자리가 창출되고, 다른 곳보다 받아주는 물건의 종류가 많고, 기부금 연말정산 금액도 후하게 쳐주었다.

작년 휴직했을 때 '굿윌스토어'에만 6박스 정도 기부했다. '느티나무 도서관'은 책 4박스 정도 기부했다. 그 덕분에 '굿윌스토어'에서 작년에만 52만 원 기부금영수증을 받았다. 이것이 바로 '꿩 먹고 알 먹고, 도랑 치고 가재 잡고, 누이 좋고 매부 좋고.'라는 말이었다.

아이를 키우는 집은 '중고나라'로 아이 용품 판매를 추천한다. 특히 외동아이라면 필수라고 생각한다. 아이 용품을 판매한 돈으로 다음 단계 아이 용품을 새로 사게 되니 육아비가 많이 줄어들었다. 덕분에 집안 정리도 하고 부수입도 올릴 수 있다. 아이 용품 이외의 안 쓰는 물건과 책들은 기부를 이용해보자. 좋은 일도 하고 집안 정리도 되고, 연말정산에 세금 혜택도 받을 수 있는 1석 2조, 3조 이상이다.

7

각종 상품권을
200% 활용하자

어릴 때 엄마가 식탁에서 가계부를 들여다보다가

"더 줄일 곳이 없는데…. 줄일 곳은 결국 식비뿐이로구나."

하며 한숨을 내쉬던 모습이 생각난다. 우리 삼 형제 키우느라 나갈 돈
은 많고, 들어올 수입은 고정되어 있으니 엄마의 고민은 깊어 보였다. 그
렇다고 자식 교육에 사활을 건 엄마가 사교육비를 줄일 분도 아니셨다.
그때 공부를 잘해서 학원비, 과외비라도 덜어드렸으면 좋았을 텐데….
왜 스스로 공부를 열심히 하지 못했는지 후회된다. 일반적으로 대출 원
리금 상환, 보험료, 공과금 등 고정 지출은 줄이기는 어렵다. 그렇다면
어차피 쓰는 생활비를 좀 더 알뜰하게 쓸 수는 없을까? 스트레스 받지 않

고 아끼는 방법이 있을까?

초저금리 시대에서 마이너스 금리 시대로 향해가는 오늘날, 한 푼이라도 더 아낄 방법이 있다. 바로 상품권을 액면가보다 저렴하게 구입해서 이익을 보는 상테크(상품권+재테크)가 있다. 문화상품권, 컬쳐랜드 상품권, 해피머니 상품권, 기프티콘, 백화점 상품권, 홈플러스 상품권, 이마트 상품권 등을 최대한 저렴하게 구입하여 제휴 쇼핑몰에서 추가 할인을 받고, 현금영수증까지 챙겨서 최대한 저렴하게 소비할 수 있다. 게다가 상품권은 60% 이상 쓰면 잔액은 현금으로 받을 수 있다.

1. 신세계백화점 상품권

나는 SK텔레콤 이용자라 티 멤버쉽 초콜릿에서 신세계백화점 상품권을 저렴하게 사서 즐겨 사용했다. SKT 초콜릿에서 짝수 달마다 거의 9% 싸게 구입할 수 있었다. 신세계 상품권으로 아파트 관리비와 이마트, 이마트 트레이더스, 신세계 백화점 등에서 요긴하게 잘 썼다. 그러나 2019년 10월에 이 이벤트가 종료되어 무척 아쉽다. 할인율 좋은 것은 얼마 안 가서 막혀서 점점 살기가 팍팍하다 싶다.

2. 롯데백화점 상품권

몇 년 전 내가 처음으로 산 아파트를 팔았다. 나에게 처음 '내 집'이라는 안락함을 선물했고, 월세 수입도 주었고, 시세 차익도 준 고마운 집이었다. 그 집을 팔 때 법무사 비용을 아끼기 위해서 셀프 등기를 했었다. 셀프 등기를 알아보다가 양도소득세와 취득세, 주민세, 자동차세 등 세금을 롯데백화점 상품권으로 납부 가능하다는 사실을 알게 되었다. 이 사실을 알고 나는 롯데백화점 상품권을 싸게 사는 방법을 연구했다. 롯데백화점 상품권의 할인율만큼 세금을 아낄 수 있었기 때문이다. 처음에는 유명한 명동의 '우천사'에서 롯데상품권을 구입하려고 했다. 그런데 우편비가 들고 할인율은 고작해야 3%뿐이었다. 그러다 집 근처에도 3% 할인율인 상품권 가게가 있어서 직접 수령하려고 마음먹고 있던 어느 날, '중고나라'에서 롯데백화점 상품권을 7% 이상 싸게 파는 판매업자를 만나게 되었다. 할인 폭이 너무 커서 수상해서 직접 전화도 하고 엄청 검색하며 알아봤다. 수상한 점은 직거래는 하지 않고, 모두 우체국 등기 거래만 했다. 딱 사기꾼의 수법이었다. 그러나 실제 구매자도 여러 명 있고, 후기도 좋았다. 망설이다가 조금씩 사들여서 결국 내가 필요한 세금만큼 7% 할인율로 롯데백화점 상품권을 구매하는 데 성공했다. 덕분에 세금도 7%나 아껴서 엄청 뿌듯했다. 나는 여기에서 멈추지 않고, 부산은행 '썸뱅크 적금'을 들어서 이익을 남겼다. '썸뱅크 적금'은 우대 금리 적용 시 최대 연 2.8% 이자를 주었고, 엘 포인트로 납부 가능했다. 금리만 봤을 때는 그다지 메리트가 없는 적금이었다. 그러나 나에게는 7% 할인 구매가 가능한 롯데백화점 상품권이 있었다.

나는 롯데백화점 상품권을 롯데백화점에 가서 엘 포인트로 전환 후 부산은행 '썸뱅크 적금'을 가입해서 추가 이익을 남겼다. '앞으로 썸뱅크 적금으로 쭉 10% 정도의 이자를 받을 수 있겠구나.' 하며 주위 동료에게도 소개하고 기분 좋아했었다. '중고나라' 롯데백화점 상품권 판매자는 내가 딱 필요한 만큼 사고 난 지 1개월 후에 종적을 감추었다. 1개월 전부터 판매자 사이트에 상품권을 얼마 이상 구입하면 적립금을 5%를 준다는 배너 광고를 올렸다. 그때부터 수상쩍었다. '지금도 할인율이 큰데, 적립금을 5% 주면 이 판매자는 뭐가 남는 거지?' 아니나 다를까 1개월 후 판매 사이트는 사라졌다. 나는 다행히 필요한 상품권을 시기적절하게 잘 샀지만, 지금 돌아보면 위험한 거래였던 거 같다. 나의 롯데백화점 할인 구매처도 사라졌고, 롯데백화점 상품권의 세금 납부도 이제는 한도가 연간 60만 원으로 대폭 줄어들었다.

3. 온누리 상품권

온누리 상품권은 우리은행, 신한은행, 농협, 기업은행, 신협 등 지정된 은행에서 상시 5% 할인 구매가 가능하지만, 명절 기간에는 10%로 할인 폭이 커진다. 1인당 구매 한도도 평상시에는 30만 원에서 명절 때는 50만 원으로 늘어난다. 나는 이 기간에 남편과 은행에 가서 각각 50만 원씩 100만 원어치 온누리 상품권을 산다. 이 온누리 상품권을 집 근처 시장은 물론, 상가의 반찬 가게, 지하상가에서 사용한다. '전통시장 통통'

(http://www.sbiz.or.kr/sijangtong/nation.do) 사이트에서 지역별 가맹점을 찾아볼 수 있다.

4. 기프티콘

나는 주로 카카오톡 '니콘내콘'과 '기프티스타'를 이용한다. 기프티콘을 사고팔 수 있다. 내가 자주 이용하는 것은 아들이 좋아하는 롯데리아와 배스킨라빈스 아이스크림, CGV 영화 관람 때 구매한다. 브랜드와 유효기간에 따라 다르지만 보통 10% 넘게 할인을 받을 수 있다. 이외에 커피, 제과, 외식, 영화관 등 다양한 브랜드의 기프티콘을 취급한다. 마감 기간에 가까워져 올수록 할인율이 높아진다. 유의할 점은 미리 구매하고 사용 안 하다가 유효기간이 지나면 돈을 날릴 수도 있다. '중고나라'에서 기프티콘을 종종 구매하기도 하지만, '니콘내콘'과 '기프티스타'는 사기 당할 염려가 없어서 주로 구입한다.

5. 컬쳐랜드 상품권

예전에는 뿜뿜 게시판에 컬쳐랜드 상품권 8% 할인이 뜨면 열 일을 제쳐두고 잽싸게 구매해서 쟁여두었다. 특히 카드결제 가능한 컬쳐랜드 상품권 구매가 뜨면 8%보다 할인율이 낮아도 샀다. 이유는 상품권 결제도 카드 실적으로 잡히는 카드가 있기 때문이다. 이 카드로 할인된 컬쳐랜드 상품권을 사면 카드 실적도 쌓을 수 있어서 '꿩 먹고, 알 먹고'이다. 그러나 요즘은 스마일 카드와 각종 카드 할인율이 더 커져서 점점 재미가 덜해진다. 컬쳐랜드 온라인 전용 상품권을 할인받아서 사면 휴대폰으로 핀넘버가 온다. 그 핀넘버를 '컬쳐랜드' 사이트에 접속하거나 휴대폰 '컬쳐랜드' 앱에 접속 후 입력해서 컬쳐캐시로 전환한다. 이 컬쳐캐시를 내가 주로 사용하는 곳은 옥션과 지마켓이다. 여기서 컬쳐캐시를 스마일캐시로 전환해서 현금처럼 사용하는 것이다. 장점은 쇼핑몰 자체 쿠폰과 중복할인이 가능하다. 컬쳐캐시의 사용처는 지마켓, 옥션, SSG, 예스24, CJ몰, 티빙, 현대몰 등 많다. 컬쳐랜드 사이트에 들어가면 자세히 알 수 있다.

6. 해피머니 상품권

컬쳐랜드보다 사용처가 제한적이라 할인율이 높다. 나는 주로 할인율이 9% 이상인 경우에만 산다. 컬쳐랜드 상품권과 사용법은 같다. 핀넘버로 '해피머니' 홈페이지나 앱에서 해피캐시로 충전한다. 내가 주로 사용하는 곳은 온라인 서점, 온라인 영화 예매, 보리보리 아동복, 인터파크, GS샵, GS프레시이다. 이외에 롯데닷컴, 롯데홈쇼핑 등에서도 사용할 수 있다.

8

블로거, 유튜버로
수익 창출하자

코로나19로 인한 경제 위기가 월급쟁이의 유리 지갑까지 위협하고 있다. 대부분 직장인들이 경기 불황을 몸소 느끼고 있고, 소비는 물론 저축까지 줄이는 것으로 조사됐다. 일부 직장인들은 아르바이트 등 부업까지 고려하는 것으로 나타났다. 그런가 하면 코로나로 특수를 누리는 업종도 많다. 바로 배달 업종과 새벽 배송, 온라인 쇼핑, 온라인 마켓 등이다. 신종 코로나바이러스 감염증(코로나19) 사태의 최대 수혜 기업 중 하나로 꼽히는 쿠팡은 명실상부 국민 서비스가 되었다. 물류 경쟁력을 갖춘 스타트업의 투자 유치 소식도 잇달았다. '새벽 배송의 원조' 마켓컬리는 코로나 사태에도 2000억 원의 투자금을 유치했다고 8일 밝혔다.

– 〈중앙일보〉 2020.05.10.

요즘 코로나19 사태를 보면 『누가 내 치즈를 옮겼을까?』라는 책이 떠오른다. 변화는 누구에게나 귀찮고 두려운 것이다. 그런 우리에게 이 '치즈 이야기'는 친근하고 낮은 목소리로 왜? 어떻게? 변해야 하는지를 일러준다. 그들을 따뜻하게 해주었던 '치즈'의 유효기간이 어쩌면 바로 얼마 전에 지났는지도 모르기 때문이다.

"변하지 않으면 살아남을 수 없다."

우리 주위의 환경은 시시각각 변하고 있는데, 우리는 항상 그대로 있길 원한다. 인생은 변하고 계속 앞으로 나아가고 있다. 우리도 그렇게 해야 한다.

'디지털 노마드'라는 단어를 들어본 적이 있을 것이다. 주로 스마트폰이나 노트북 같은 디지털기기와 통신망을 이용해 시간과 장소에 상관없이 언제 어디서나 자유롭게 일하는 사람들을 일컫는다. 내가 잘하는 일, 좋아하는 일로 평생 살 수 있다면 얼마나 행복할까? 출근하지 않고 하루 1~2시간만 일해도 직장인보다 더 많은 돈을 벌 수 있다. 더군다나 잘릴 염려 없이 평생 현역으로 일할 수 있다. 이런 직업이 있다면 그 누가 마다하겠는가? 이들은 블로그, 유튜브, 인스타그램, 페이스북, 카카오스토리 등 SNS를 통해 수익 창출을 하고 있다.

나 권마담 역시 SNS를 하는 "엄지족"이다. 나는 끊임없이 배우고, 도움을 주기 위해 책을 읽고, 강연 준비를 하고 유튜브, 인스타, 블로그, 카페 운영 등을 하고 있다. 보통의 일과는 12시에 끝난다. 하지만 나는 이 일이 정말 좋고, 신바람이 난다. 내가 하고자 하는 일이므로 전혀 힘들거나 스트레스를 받지 않는다. 바로 '디지털 노마드'의 삶이다. 나는 지금까지 내 인생을 살면서 단 한 번도 누군가가 정해놓은 기준에 내 삶을 맞추지 않았다. 나는 온전히 나만의 기준으로 세상을 살아갔다. 나만의 기준으로 당당하게 실업계 고등학교를 진학했으며, 나만의 기준으로 대학교가 아닌 직장을 선택했다. 그리고 직장을 다니면서 영어를 배우고 싶다는 생각을 하게 됐고, 그 생각으로 나는 과감하게 직장을 그만뒀다. 백조의 삶을 선택한 것이다. 사회가 정해놓은 기준으로만 본다면 나는 그 기준에 못 미치는 삶을 살았던 것이다. 그러나 지금 나는 성공한 인생을 살고 있다. 그들이 정해놓은 기준이 아닌, 온전한 나만의 기준으로 내 세상을 살았기에 나는 내 인생에서 성공할 수 있었다.

1. 유튜브 수익 창출

1인 미디어는 후원금과 광고로 수익을 얻는다. 후원금이란 생방송 중에 시청자가 크리에이터에게 직접 보내는 지원금이다. 아프리카 TV의 '별풍선', 유튜브 라이브의 '수퍼챗', 카카오TV의 '쿠키'가 여기에 해당한다. 동영상 플랫폼 업체가 후원금의 10~40%를 수수료로 공제하기 때문에 시청자가 1,000원 정도의 후원금을 보내도 크리에이터가 실제로 받는 금액은 600원 정도다. 수익은 전 세계의 화폐가 들어온다. 해외 교민이 시청하는 경우도 많아서 외화벌이도 가능하다. 단, 유튜브는 짧은 영상으로 구독자의 이목을 끌어야 하기 때문에 좋은 콘텐츠와 고도의 편집 기술이 필요하다.

〈권마담 TV〉

구독자 5천여 명이 있다. 내 유튜브의 재생 목록은 '부자 언니 특강', '책 읽어주는 부자 언니', '라이브 방송', '크루즈 여행', '부자 언니의 취미', 'VLOG'로 나뉜다. '크루즈 여행' 코너에서는 내가 직접 다녀온 크루즈 여행을 통해서 크루즈 여행 안내와 장점을 알려준다. 나의 책 『나는 100만 원으로 크루즈 여행 간다』는 여행 부문 베스트셀러 책이다. '책 읽어주는 부자 언니' 코너에서는 부의 의식 상승을 위한 책들을 소개한다. 요즘은 일주일에 한 번씩 1시간 이상 '라이브 방송'을 통해 구독자들과 소통하며 부와 인생 이야기를 나누며 선한 영향력을 실천 중이다.

〈윤정완 TV〉

『0원으로 시작하는 짠순이 재테크 습관』 책을 요약해서 읽어주고 있다. '부자가 되는 길은 노하우가 아니라 재테크 습관에 있다.'라는 내용으로 평범한 사람들에게 부자의 길을 안내하고 있다.

2. 블로그 수익 창출

① 가장 대표적인 방법은 광고를 게재하는 방법이다.

국내 최대 포털 사이트 네이버는 블로거들에게 '애드포스트'라는 서비스를 제공한다. 애드포스트는 미디어에 광고를 게재하고 광고에서 발생한 수익을 블로거에게 배분하는 광고 매칭 및 수익 공유 서비스다. 조회수나 포스트 개수에 따라 '애드포스트' 광고가 붙는다. 최소 90일 이상 운영, 전체 공개 포스트 1개 이상 등의 조건을 갖추면 광고가 붙는다. 포스트를 작성할 때 '검색'이나 '외부 수집' 옵션을 '허용'으로 설정하면 더 많은 사람들이 방문한다.

② 쿠팡 파트너스

오픈 마켓(개인과 소규모 판매 업체 등이 온라인에서 자유롭게 상품을 거래하는 마켓)인 쿠팡에서 운영한다. '쿠팡 파트너스'는 블로거가 자신의 블로그에 직접 쿠팡에서 판매하는 제품을 홍보하고 그것이 실제 판매로 이어지면 수수료를 지급하는 서비스이다.

③ 체험단

제품이나 맛집의 비용을 지불하지 않고 체험한 뒤 후기를 남기는 방식의 블로그 체험단은 부담 없이 식비 등의 생활비를 줄이고 블로그 방문자 수를 늘릴 수 있다는 장점이 있다. 방문자 수가 늘면 궁극적으로 애드

포스트 등 광고 노출에 의한 수익을 높일 수 있어 블로거들의 체험단 선호도는 높은 편이다. 또, 주부라면 주부 모니터단에 신청하면 용돈 정도는 벌 수 있다. 기업들이 가장 선호하는 주부 패널은 개인 블로그 또는 SNS 활동을 활발히 하며 주부들 간의 커뮤니케이션에 능한 사람이다.

④ 홍보 글을 작성해서 원고료를 받을 수 있다.
- 권마담 블로그 blog.naver.com/superqueen4
- 윤정완 블로그 blog.naver.com/freelancer57

은퇴 후가 아닌 젊은 나이에 성공하고자 한다면, 나만의 콘텐츠가 있어야 한다. 나는 단지 남들보다 조금 다르게 나의 미래 가치에 투자했기 때문에 지금의 자리에 있게 되었다. 디지털 노마드로 성공하기 위해서는 좋은 콘텐츠와 '꾸준함'이 필요하다. 일주일에 1~2개의 양질의 콘텐츠를 생산해야 하며 해당 콘텐츠가 경쟁력이 있어야 한다.

"인생이 끝날까 두려워하지 마라. 당신의 인생이 시작조차 하지 않을 수 있음을 두려워하라."

- 그레이스 한센

5장

아끼면 진짜 된다,
작은 부자

1

아끼면 진짜 된다,
작은 부자!

새해가 다가오면 많은 사람들이 새해 결심을 하기 위해 산으로, 바다로 떠난다. 직장인 10명 중 9명이 작심삼일로 그친다고 고백하는 '새해 결심.' 그런데 얼마 가지 않아 새해 목표가 뭐였는지 기억나지 않는 사람이 많을 것이다. 그리고 내년이 되면 똑같은 새해 목표를 세우고, 새 다이어리 첫 장을 채울 것이다. 첫째, 건강(금연과 다이어트 또는 규칙적인 운동). 둘째, 자기 계발(대부분 외국어 공부). 셋째, 취직, 부자 되기 등. 그런데 1년 결심도 3일이 못 가는데, 어떻게 해야 내 인생 전체를 통틀어 성공할 수 있을까? 내가 '성공한 사람'이 되기 위해서는 도대체 어찌하면 가능할까?

아주 단순하지만 명확한 성공의 원칙이 있다.

1966년, 스탠퍼드 대학원 심리학자 미셸은 네 살짜리 아이들 650여 명을 대상으로 그 유명한 '마시멜로 실험'을 했다.

"여기 마시멜로가 있단다. 지금 먹어도 돼. 하지만 내가 돌아올 때까지 15분 동안 먹지 않고 기다리면 한 개 더 줄게."

그 결과 실험에 참여한 아이 중 3분의 1은 15분을 참지 못한 채 마시멜로를 먹어치웠지만, 3분의 2는 끝까지 기다림으로써 상을 받았다. 14년 후의 추적 조사 결과, 당시 마시멜로의 유혹을 참아낸 아이들은 그렇지 못한 그룹에 비해 학업 성취도와 교우 관계에서 만족할 만한 결과를 나타냈으며, 스트레스를 효과적으로 다루는 사회성이 뛰어난 청소년들로 성장해 있었다. 이 결과를 토대로 만족감을 유예할 자유 의지가 있는 사람이 성공할 확률이 더 높음을 밝혀냈다.

무엇이든 성공을 하려면 목표 의식, 인내, 절제는 필수 요소이다. 만일 나머지 3분의 2 아이들도 마시멜로 한 개를 반드시 더 먹고야 말겠다는 뚜렷한 목표가 있었다면 상을 받았을 확률이 높다. 이 실험은 실험 대상자 선정 등 몇 가지 모순이 있기는 하지만 인내에 대해 큰 교훈을 주었다. 누구나 성공을 꿈꾸는 것처럼 보이지만, 목표 의식의 부재로 사실은 적당한 만족과 타협이 가져다주는 달콤한 유혹에 빠져 실패하는 것이다.

『하늘을 나는 거북』이란 동화가 있다.

연못 주위를 어슬렁거리며 돌아다니던 거북은 새들이 따뜻한 남쪽 나라로 가려고 준비를 하는 것을 보았다.

"이곳은 너무 추워. 하지만 남쪽은 따뜻하단다. 거긴 언제나 여름이고, 먹을 것도 많아."

먹을 것 소리를 듣자 거북은 귀가 솔깃해졌다.

"나도 너희들하고 같이 갈 수 있을까?"
"남쪽으로 가려면 날아가야 해. 넌 거북이니까 날 수가 없잖아."

그러나 거북은 물러서지 않았다.

"날 데리고 갈 방법이 없겠니?"

거북은 새들이 허락할 때까지 조르고 졸라댔다.

"너 이 막대기를 꼭 물고 있을 수 있니?"

새들이 물었다.

"문제없어. 나는 뭐든 한 번 물었다 하면 절대로 놓지 않으니까."

거북은 대답했다.

"좋아. 그럼 이 막대기를 단단히 물어. 그럼 이 새 두 마리가 양쪽 끝을 잡고 날 테니까. 그러면 널 데려갈 수 있을 거야. 하나만 명심해. 절대로 입을 벌리면 안 돼!"

"알았다구. 그거야 쉽지!"

새들은 곧 하늘 높이 올라 남쪽을 향했다. 얼마 날지 않아 거북은 여기가 어디인지 궁금해졌다. 여름이 살고 있다는 남쪽으로 가려면 얼마나 더 날아야 할까. 거북은 새에게 물어보고 싶었지만 계속 날기만 했다. 이번에는 앞발을 휘저었지만, 새들은 못 본 것 같았다.

거북은 화가 나기 시작했다.

"ㅇㅇㅇ읍!"

거북은 입을 다문 채 소리를 질렀다. 그러나 소용이 없었다.

"왜 내 말은 듣지도 않⋯⋯."

그러나 거북이 한 말은 그게 전부였다. 막대기를 놓자마자 거북은 떨어지기 시작했다.

아래로, 아래로, 아주 오랫동안 말이다. 거북은 너무나 놀란 나머지 다리와 머리를 쏙 집어넣었다! 땅으로 쿵 떨어지면서 거북의 등껍질에 금이 갔다. 하늘을 날고자 하는 원대한 목표를 세운 거북. 좀 더 인내했다면 따뜻한 남쪽 나라에 가서 먹이 걱정 없이 풍족하게 살았을 것이다.

대부분의 사람들은 많은 것들을 소원한다. 그중 부자가 되고 싶다는 소원은 버킷리스트에 언제나 단골 상위 목표로 자리 잡고 있다. 우리는 돈을 모으는 방법을 이미 알고 있다. 일단 강제 저축을 하면서 알뜰히 살면 작은 부자는 된다. 그런데 돈을 모으기에는 걸림돌이 너무나 많다. 월급쟁이들에게 월급은 쥐꼬리인데 당장 나가야 할 돈이 태산같이 많다. 그리고 원래 쓰던 가락이 있으니 당장 소비를 줄일 엄두도 못 낸다.

'카페라테 효과'라는 말을 들어본 적이 있는가? 미국의 재테크 전문가

데이비드 바흐(David Bach)가 소개한 개념으로 푼돈을 모아 목돈을 만드는 것이다. 하루 한 잔 4,000원 정도 커피 값을 절약하면 한 달에 12만원을 절약할 수 있다. 4,000원을 30년 간 저축하면 물가 상승률과 이자 등을 포함해서 약 2억 원의 자금을 마련할 수 있다는 개념이다.

누구나 부자가 되고자 특별한 노하우를 찾아 헤맨다. 하지만 그보다 더 중요한 것은 소비를 줄이는 것이다. 10만 원 버는 것보다 10만 원 아끼는 것이 더 쉬운 법이다. 예를 들어 매월 100만 원씩 1년 동안 이자가 2.6%인 적금을 들면 세후 약 14만 원의 이자를 받을 수 있다. 1년 동안 적금을 부어야 이자가 14만 원인 것이다. 하지만 14만 원은 쓰자고 들면 순식간에 써버릴 수 있는 돈이다.

'카페라테 효과'는 커피 한 잔 값으로 눈덩이를 만들 수 있다는 것이다. 커피의 달콤함을 포기하는 대신 미래의 안락함을 기대하는 출발점으로 삼자는 것이다. 커피 한 잔은 작은 습관이지만 반복되면 중독되듯, 부자가 되는 길도 작은 변화에서 시작된다.

보통의 직장인이 큰 부자가 되려면 수입을 늘리고 투자를 해야 한다. 그러나 수입을 높이는 데만 집중하지 말고 소비를 줄이는 데에도 신경을 써야 한다. "가랑비에 옷 젖는다."라는 말이 있다. 수입에만 치중하다가 지출 통제가 안 되면 '밑 빠진 독에 물 붓는 효과'가 초래된다. 수입이 아무리 많아도 올바른 소비 습관이 선행되어야 부자가 될 수 있다. '카페라테 효과'를 명심하고 소비를 절제한다면 누구나 작은 부자는 될 수 있다.

절약은 가장
지혜로운 소비이다

조선 시대에는 '다홍치마'라는 짙은 붉은색의 치마는 왕족들만 입을 수 있었다. 왕족이 아닌 여자들은 다홍치마를 일생에서 딱 한 번 입을 수 있었는데, 바로 결혼식 날이었다. 이처럼 특별한 날에만 입는 다홍치마는 고운 빛깔만큼이나 귀했다. 그래서 값이 같은 치마 중 하나를 고른다면 이왕이면 다홍치마를 사겠다는 말이 생긴 것이다. 이것이 바로 "같은 값이면 다홍치마"란 속담의 유래이다.

같은 가격이나 비슷한 가격의 물건들이 진열되어 있을 때, 누구나 이왕이면 품질이 좋고 디자인이 예쁜 것을 선택한다. 물건을 고를 때 이거저거 꼼꼼히 따져보고 고르면 후회가 적을 것이다.

얼마 전 가족과 함께 시장에 갔다. 시장을 찾는 이유는 과일이 특히 신선하고 저렴하다. 게다가 온누리 상품권까지 이용하면 할인율이 아주 높다. 명절 때 한시적으로 온누리 상품권을 10% 싸게 풀 때가 있다. 이때 남편과 내 신분증을 가져가서 온누리 상품권을 많이 사놓는다. 가뜩이나 저렴한 시장에서 쓰면 꿩 먹고 알 먹고, 도랑 치고 가재 잡는 기분이다. 단, 씀씀이가 헤퍼지는 단점이 있어서 가기 전에 필요한 살 거리를 메모해놓고 간다.

우리 아들이 좋아하는 호떡이랑 내가 좋아하는 꽈배기를 산 후 자주 가는 과일 집 두 군데를 들렀다. A 과일가게는 늘 박스에 매직으로 "오늘만 특가! 11시~3시까지만 이 가격에 판매합니다."라고 쓰여 있다. 허접하지만 나름 마케팅을 하는 집이다.

B는 그냥 시장 평균가로 파는 과일 가게다. 사실 좀 더 가면 더 싸게 파는 C 과일 집도 있다. 다른 집보다 가격을 싸게 써놓아서 나도 몇 번 가봤다. 그런데 그 집은 사기성이 아주 강했다. 분명 3천 원이라고 쓰여 있어서 가보면 그건 한눈에도 안 좋은 상품의 가격이었다. 그 아래부터는 4천 원, 5천 원 순이라며 가격이 달라졌다. 안 좋은 상품의 저렴한 가격을 미끼로 장사를 해서 기분이 상한다. 그래서 C 가게는 아무리 가격을 싸게 써놓아도 덮어놓고 패스한다. 쓸데없이 시간 낭비를 할 수 없다. 믿

고 거르는 패싱 과일 가게가 되었다.

나는 주로 한시적 이벤트를 내거는 A 가게에서 사는 편이다. 가격도 좋고 과일도 가성비가 괜찮다. 3시까지 한정 판매라면서 5시에 가도 그 가격에 판다. 방울토마토는 싱싱하고 저렴하게 잘 샀다. 그런데 딸기에서 고민이 되었다. 좀 전에 보고 온 B 가게는 딸기가 5천 원에 싱싱했지만, 양이 좀 적어 보였다. 그런데 A 가게는 4천 원이다. 양도 조금 더 많거나 비슷해 보였다. 그러나 B보다는 싱싱해 보이지 않았다. 나는 단돈 천 원에 고민에 빠졌다.

"여보. 준우랑 큰길가에 먼저 가 있어. 나 B 가게 한 번 더 다녀올게."

다시 한 번 B 가게를 가서 딸기를 본다. 역시나 싱싱하지만, 양이 적고 5천 원이다. 그래서 다시 A 가게로 가서 4천 원에 딸기를 사 왔다. 집에 와서 보니 그럭저럭 괜찮아 보인다. 남편이 장 봐 온 것을 정리하다가 딸기를 뒷 베란다에 두었다. 아직은 날씨가 선선한 편이었다. 그런데 다음날 딸기를 먹으려고 꺼내니 상태가 훨씬 안 좋아졌다. 삼 분의 일은 못 먹게 생겼다. '아…. 그냥 B 가게에서 5천 원 주고 사 올 것을….' 돈 천 원 아끼려는 나의 어리석은 욕심에 후회했다. 삼 분의 일을 솎아내고 보니 B 가게의 양보다도 적다. 게다가 상태는 훨씬 나쁘다. 내가 버린 것은 돈

뿐 아니라 시간도 낭비한 것이다.

절약이란 돈을 가장 현명하게 소비하는 것이다. 푼돈에 집착하다가 아예 돈을 잃게 되는 경우도 많다. 지인 중에 아버지와 사이가 안 좋은 사람이 있었다. 아버지가 공무원을 하다가 퇴직하고 두어 차례 사업을 벌였다가 실패해서 경제적 어려움이 컸다. 집에만 계시는 아버지는 집안의 불이란 불은 다 끄고 다니며 가족들에게 잔소리했다. 깜깜한 집안을 다니다가 물건에 부딪혀서 다친 경험도 여러 번 있다고 했다. 병원비가 더 들기도 했다. 아버지는 자식들에게 늘 "너는 언제 취직할 거냐? 언제까지 내 집에서 내 돈만 써댈 거냐?"라고 하셨다. 지인의 아버지는 푼돈을 아끼려다 건강, 시간, 가족들의 정서마저 망치고 있었다. 집안 분위기가 좋을 리가 없었다.

생각이 옹졸하다면 작은 것에 집착해서 큰일도 할 수 없게 된다. 대기업이 선견지명을 잃고 필요한 지출에 인색해서 조악한 제품을 판다면? 고객으로부터 리콜 요청이 들어와도 반품, 교환은 절대 불가라고 한다면? 기업에 대한 고객의 신뢰를 잃게 되면 머지않아 그 기업은 문을 닫게 될 것이다.

옛날에 구두쇠 스크루지 영감이 살았다. 아무리 추워도 난로를 켜지 않고 바들바들 떨었다.

"이 정도 추위쯤이야. 돈을 아껴야지."

크리스마스 전날에도 스크루지 영감은 일만 했다. 불쌍한 이웃이 찾아와도 돈 없다고 쫓아내고, 조카가 찾아와서 같이 크리스마스를 보내자고 해도 바쁘다며 쫓아냈다.

"크리스마스가 뭐라고 다들 난리람."

그날 밤 스크루지 영감 앞에 유령이 나타나서 과거, 현재, 미래를 넘나들며 여행을 했다. 미래에서는 사람들이 무덤 앞에서 웅성댔다.

"욕심만 부리더니 잘됐네요."
"맞아, 맞아. 자기만 알고, 남을 위할 줄 몰랐으니까."

스크루지의 죽음에 슬퍼하는 사람은 아무도 없었다.

당신은 낭비하는 사람인가, 인색한 사람인가? 가장 현명한 사람은 아낄 때는 아끼고 쓸 때는 돈을 쓰는 사람이다. 돈 자체를 아끼려고만 해서 정작 필요한 물건을 쓰지 못하고 버리게 된 경험은 누구나 한 번씩은 있을 것이다. 나처럼 싼 것만 찾아 헤매다가 돈과 시간을 낭비하는 어리석음을 범하지 말자. 잘못된 절약으로 귀중한 시간과 돈, 체력을 낭비하지 말자.

싼 게 절약이라고 생각하는 것은 어리석은 착각이다. "같은 값이면 다홍치마"를 고르고 싶다면 물건을 고를 때 이거저거 꼼꼼히 따져보고 고르자. 즉 하나를 사도 오래 쓸 수 있는 좋은 물건을 고르고 사는 것이 바로 절약이다. 부자들은 돈이건 사람이건 물건이건 모두 가치를 중시한다. 소중한 내 돈을 후회 없이 쓰고 싶은가? 그렇다면 부자의 마인드를 갖고 현명한 절약을 실천하자.

시각화의 힘,
보물 지도를 활용하자

「큰 바위 얼굴」이라는 단편 소설이 있다.

미국에 있는 작은 마을. 이곳에는 큰 바위 얼굴이라 불리는 거대한 얼굴 모양의 바위산이 있다. 주인공인 어니스트는 어린 시절부터 이 바위산을 보고 자랐다. 어머니로부터 언젠가 저 바위산과 닮은 얼굴의 위대한 인물이 등장할 것이라는 전설을 굳게 믿고 어린 시절부터 청년, 장년, 그리고 노년에 이르기까지 평생을 살면서 큰 바위 얼굴과 닮은 인물이 나타나기를 기다린다. 재력가, 장군, 정치가, 시인 4명의 인물을 만나며 큰 바위 얼굴의 인물이기를 기대했다가 실망을 반복한다. 그러다 어느 날 어니스트의 설교를 들으러 온 시인은 어니스트가 곧 큰 바위 얼굴과 닮은 인물임을 알게 된다. 놀란 시인이 사람들에게

"보시오! 어니스트 씨야말로 저 바위 얼굴이랑 비슷하지 않은가요?"

라고 외치고 사람들은 비로소 닮은 사람이 나타났음을 알고 놀란다. 그는 바로 어니스트였다. 자신이 닮고 싶은 것을 계속 생각하다 보면 자신도 그렇게 변해간다. 바로 시각화의 힘이다.

나는 과거에 미래에 대해 불안했던 적이 많았다. 아니, 매일 초조하고 불안했다. 오래전부터 나는 대한민국 최고의 '동기부여가'라는 꿈을 가지고 있었다. 하지만 당시 나의 현실은 그 꿈과는 거리가 너무나 멀어 아득하게만 보였다. 그런데도 나는 매일 같이 책을 읽고, 잠을 줄여가며, 어떤 결과를 내기 위해 직장을 다니면서 자기 계발을 했다.

공부에 대한 미련을 버리지 못한 나는 외국 생활을 과감히 중도에 접고, 일주일 만에 귀국했다. 어머니와 동생이 있는 고향인 부산으로 돌아왔다. 힘든 형편에 일도 하지 않고 공부만 한다는 자체가 가족들에게 미안한 마음이 들었다. 솔직히 그런 생각을 해야 한다는 자체가 나를 힘들게 했다. 안 되겠다 싶어 연고도 없는 서울로 무작정 가기로 마음먹고 짐을 꾸렸다. 그렇게 서울 생활은 시작되었고, 당장 필요한 돈을 위해서 경력직 일을 구했다. 새벽에는 학업을, 낮에는 일을, 저녁에는 영어 학원을 다니고 운동을 하며 지냈다. 지금 생각해 보면 어떻게 그렇게 지독하게 살았나 싶다. 그런 비참한 현실 속에서도 나는 나의 과거를 보기보단, 나의 미래에 베팅했다. 그리고 내 꿈이 언젠가는 반드시 이루어질 거라고 믿었다. 성공은 과학이니까.

미래가 불안하게 생각될수록 확고한 꿈을 설정하고 그 꿈을 단단히 붙잡아야 한다. 자기 분야에서 성공한 사람들 역시 과거엔 미래에 대한 불안감을 가지고 있었다. 그런데도 그들이 성공할 수 있었던 것은 그 불안감에 함몰되지 않고 눈부신 미래를 창조하는 일에 화력을 집중했기 때문이다.

나는 미래가 불안하게 여겨지는 사람들에게 다음 세 가지를 조언한다.

1. 꿈과 목표를 종이에 적어서 잘 보이는 곳에 붙여 두거나 가방이나 지갑 속에 넣어서 가지고 다니면서 자주 들여다보라.
2. 자신의 롤 모델 사진을 잘 보이는 곳에 붙여 두고 자주 바라보면서 자신 역시 꿈을 이룬 모습을 생생하게 상상하라.
3. 간절하게 가지고 싶은 것이 있다면 사진을 벽에 붙여 두고 시각화하라.

이렇게 하는 것만으로도 어느 정도 미래에 대한 불안감을 줄일 수 있다. 꿈과 목표를 적은 종이와 롤 모델의 사진을 보면서 자신 역시 그렇게 되고 싶은 강한 열망에 휩싸이기 때문이다. 강한 열망은 적극적인 행동, 즉 노력으로 바뀌기 때문이다.

할리우드 배우 아놀드 슈왈제네거가 있다. 그는 세계적인 보디빌더로 기네스북에 올랐는가 하면, 케네디 가의 여성과 결혼한 뒤 캘리포니아 주지사의 자리에까지 올랐다. 그는 주지사의 자리에서 물러난 지금도 여전히 할리우드의 액션 스타로 전 세계인의 사랑을 받고 있다.

슈왈제네거는 어린 시절 책상머리에 세 가지 목표를 적은 종이를 붙여 놓았다.

1. 나는 영화배우가 될 것이다.
2. 나는 케네디 가 여성과 결혼할 것이다.
3. 나는 캘리포니아 주지사가 될 것이다.

그는 자신의 꿈을 끊임없이 가슴에 새기고 생생하게 상상했다. 결국, 그는 자신의 꿈을 모두 이루었다.

슈왈제네거가 한창 보디빌더 선수로 활동하던 당시 한 기자가 물었다.

"보디빌더를 그만두면 무엇을 할 생각인가요?"

그러자 그는 자신의 계획을 말했다.

"할리우드 최고의 영화배우가 될 것입니다."

어안이 벙벙해진 기자가 어떤 방법으로 영화배우가 될 것인지 물었다. 그의 대답은 간단했다.

"보디빌딩을 할 때처럼 원하는 것을 상상하고 이미 다 이룬 것처럼 사는 겁니다."

과거 그는 보디빌딩 선수가 되기 전에 친구들이 유명 여배우 사진으로 방을 도배할 때 보디빌더들의 포스터로 자신의 방을 도배했다. 그 포스터를 보면서 자신도 반드시 멋진 근육질의 강한 남자가 되겠다고 다짐했다. 그리고 매일 매 순간 멋진 근육질을 갖춘 자신의 모습을 상상하며 훈련에 임했다. 그런 노력 끝에 그는 미스터 유니버스에서 5회, 미스터 올림피아에서 7회나 정상에 올랐다. 그뿐만 아니라 1974년 대회 때 그는 기네스북에 등재되기까지 했다.

작가 그레그 S. 레이드는 저서 『10년 후』에서 이렇게 말하고 있다.

"꿈을 날짜와 함께 적으면 목표가 되고, 목표를 잘게 나누면 계획이 되며, 계획을 실행에 옮기면 꿈은 실현된다."

부자가 되고 싶은가? 그렇다면 확고한 꿈과 목표를 종이 위에 적어보자. 여기에다 사진까지 찍어서 나만의 보물 지도를 만들어보자. 내가 갖고 싶은 것이나 원하는 것들을 잡지나 카탈로그, 팸플릿을 모아서 느낌이 오는 대로 보드에 붙여보자. 이미지를 찾으면 좋지만 당장 못 찾는다고 조급해할 필요는 없다. 메모하고 의식하고 있다 보면 적절한 순간에 상징적인 이미지를 발견하게 된다. 보물 지도를 집 안의 눈에 잘 띄는 장소에 걸어두고 두근거리는 마음으로 때가 오기를 기대하며 꿈을 키우자. 성공자들은 늘 자신의 꿈과 목표를 종이에 적는다. 휴대폰에 사진을 찍어서 갖고 다니면서 들여다보고 상상하기를 즐긴다.

4

부자가 되려면
건강관리가 먼저다

MBC 스페셜 〈살아남기 위한 최소한의 운동, 생존 체력〉을 시청한 적이 있다.

언제부터인가 남자들은 식스팩을, 여자들은 에스 라인을 꿈꾼다. 남녀노소 가리지 않고 '몸짱' 신드롬에 빠져 있지만, 몸짱이 되기 위한 과정은 아무나 엄두를 못 낸다. 닭가슴살로 끼니를 해결하고, 헬스클럽에서 매일 죽어라 운동을 해야 한다. 하지만 지각하지 않기 위해 환승 통로를 뛰고 야근을 밥 먹듯이 해야 하는 직장인들, 좋은 대학, 좋은 직장에 들어가기 위해 밤늦게까지 도서관에 앉아 있어야 하는 학생들과 취준생들, 나같이 직장 다니고 아이 보고 가족들 밥 챙기고 살림에 시달리는 워킹맘들이 과연 몸짱이 될 만한 체력과 여유가 있을까?

시간도 여유도, 그리고 하루를 버텨줄 힘도 없는 사람들에게 필요한 것은 식스팩과 에스 라인이 아니라 '생존 체력'이라고 그 프로그램은 말했다. 지금 우리에게 필요한 것은 '몸짱'이 아닌 '체력짱'이라고 외치며, 매일같이 '힘들다'고 푸념을 늘어놓는 사람들을 위한 특급 처방전을 제안했다. 생존 체력을 키우는 것이 운동만으로 전부 가능한 것은 아니다. 적절한 운동에는 반드시 적절한 식사가 뒤따라야 한다. 이 프로그램은 생존 체력을 위한 특급 처방전과 함께 식사 백서도 일러주어서 유익했다. 또 운동을 시작해야 하는 다른 중요한 이유는 '체력은 곧 정신력'이기 때문이라고도 했다.

특히 40대가 되면서 하루하루 달라지는 변화를 온몸으로 실감하고 있다는 약골 체력 출연자들의 인터뷰를 보면서 공감이 많이 되었다. 나는 원래 체력이 좋은 편이었다. 그런데 언젠가부터 아침에 일어나기도 힘들고 특히 어깨가 마구 쑤셨다. 작년에 나만의 처방전으로 주 4회 오전 수영 강습을 받은 뒤로 강철 체력이 되었다고 자부했다. 그런데 갑자기 들이닥친 '코로나19' 바이러스로 수영을 못 가게 되자 몸이 점점 무겁고 축축 늘어졌다. 몸이 늘어지니 만사가 다 귀찮아지는 느낌이 들었다.

어느 날, 나는 권마담의 추천으로 『지중해 부자』라는 책을 읽어보게 되었다. 돈을 벌고 싶은 보통 사람인 저자가 거부인 지중해 부자를 만나 대화하는 내용이 인상 깊었다.

"어느 분야든 성공을 해야 부자가 될 텐데, 그러기 위해서 제일 중요한 게 뭘까?"

실력, 인맥, 성실, 노력, 자신감, 긍정적인 마음, 용기 등 많은 것이 떠올랐지만 저자는 아무 말도 하지 못했다.

"바로 체력이야. 부자가 될 때까지 시간도 오래 걸리고 신경 써야 할 것도 엄청 많거든. 그걸 감내할 체력이 있어야 비로소 부자의 삶을 살 수 있겠지."

"너는 한눈에 봐도 체력이 없어 보여. 비만인 데다가 배까지 나오고. 그렇게 게으른 사람이 노력한다는 말을 함부로 꺼내면 안 되지."

"사람은 뭘 하든 자신의 체력 한계를 넘어설 수 없는 거야. 딱 자기 체력만큼 돈을 벌게 돼 있거든. 세상에는 이치가 있지. 남들보다 2배 더 벌려면 2배의 노력을 해야 하고, 10배 더 벌려면 10배의 노력을 해야 하는 거야. 근데 몸이 피곤하면 노력은 고사하고 만사가 귀찮아지거든. 일이 있어도 미루거나 대충 해버리고 말이야. 그런 게 반복되면 어떤 일도 할 수 없게 되고 스스로 도태되고 말지."

"성공하는 사람은 열정적이지. 그런 열정은 어디에서 나올까? 바로 체력이야, 사람의 몸을 보면 부자가 될 사람인지 아닌지 한눈에 알 수 있어. 너처럼 관리가 안 된 몸으로 부자는 어림도 없는 거야.”

저자는 지중해 부자의 따발총 같은 조언에 다음 날부터 하루 두 시간씩 운동을 시작했다. 1년이 지나자 그렇게 안 빠지던 체중이 감소했다. 퇴근 후 항상 느꼈던 피로감도 확실히 줄었다.

어느 날 나는 오랜만에 시간이 나서 아이의 저녁 밥상에 신경 쓰려고 장을 봐왔다. 아이의 영양 보충을 위해 버섯, 감자, 고구마, 당근, 양파, 파 등 채소들을 잔뜩 사 왔다. 오늘 메뉴는 닭볶음탕이었다. 음식 솜씨는 없지만, 나에게는 최강의 레시피가 있으므로 맛 걱정이 없었다. 하지만 각종 재료를 손질하느라 시간이 걸렸다. 먼저 야채 다듬는 칼로 야채를 다듬고 도마에 재료를 놓고 썰기 시작했다.

‘어라?’ 잘 안 썰어졌다. 그간 칼날이 무뎌진 것이다. 칼날이 무뎌지니 내 힘이 더 들어가고 잘 썰리지도 않았다. 힘이 드니 짜증이 났다.

마찬가지로 무딘 날을 갈지 않고 생각 없이 일만 하면 힘이 더 든다. 무슨 일을 하건 성실만으로는 안 된다. “열 번 찍어 안 넘어가는 나무 없다.”라는 말이 있다. 그러나 도끼에 따라서 결과는 다르다. 도끼날을 예리하게 갈면서 열 번 시도하면 열 번 안에 넘어갈 확률이 높다. 우리의 인생도 연장을 손봐야 한다. 돈을 벌고 싶다면 재테크의 노하우만 찾지 말고 내 체력에도 신경 써야 한다. 그래야 더 효율적으로 일 처리를 할 수 있다.

공부를 못하거나 일을 제대로 처리하지 못 하는 사람을 보면, 오래 집중하지 못한다. 30분 공부하다가 3시간 나가서 수다 떠는 사람들도 많다. 저개발 국가의 국민들은 집중력이 약하다고 한다. 어떤 사람이 저개발 국가의 사람들과 스튜디오에서 노래 녹음을 했던 적이 있다고 했다. 몇 곡 녹음하지 않았는데 꽤 오랜 시간이 걸렸다. 그래서 이유를 물었다.

"저분들은 오래 집중을 못 해요."

그들은 1시간 집중하고 3시간은 쉬어야 일을 할 수 있는 몸의 리듬을 갖고 있었다. 그는 '이게 바로 그들 저개발국의 약점이자 국민성이다.'라고 느꼈다고 한다.

나는 먹는 것을 참 좋아한다. 그래서 뷔페에 가면 엄청 바빠진다. 이것도 담고 싶고, 저것도 담고 싶고…. 코미디언 이영자 식탐 저리 가라가 되어 신나서 부지런히 담는다. '기본 3접시는 먹을 수 있겠지?'라고 생각하며 빠르게 포크질을 한다. 그러나 처음에는 신나게 덤비다가 이내 곧 먹는 속도가 느려진다. 내 위 크기가 그다지 크지 않기 때문이다.

부자가 되려면 부자의 그릇을 키우라는 말이 있다. 사람마다 타고난 마음의 크기가 다르듯이 부자의 그릇 역시 다르다. 부자의 그릇으로 키우려면 가장 먼저 부자의 사고방식이 제일 중요하다. 그다음 중요한 것은 무엇일까? 부자들은 지독할 만큼 건강관리에 철저하다. 세상에 건강만큼 중요한 것은 없다고 생각한다. 그들은 건강을 관리하기 위해 거창하게 행동하지 않는다. 단순하고 일상적인 원칙 몇 가지를 정해놓고 지킨다. 예를 들면 '아침에는 신선한 야채를 먹는다. 먹는 양을 정해둔다. 하루 30분 운동을 한다.' 등이다. 부자가 되고 싶다면 내 건강을 관리하자.

5

결혼은
최고의 재테크였다

 통계청이 3월 19일 발표한 '2019년 혼인·이혼' 통계에 따르면 지난해 혼인 건

수는 23만 9,200건으로 전년(2018년)보다 7.2% 줄었다. 혼인 건수는 2012년부터

8년 연속 내리막이다. 통계청은 결혼 감소의 가장 큰 원인으로 인구 구조의 변화

를 꼽았다. 김진 통계청 인구동향 과장은 "결혼을 가장 많이 하는 연령대인 30대

초반의 인구가 전년보다 2.4% 감소했다."라고 설명했다. 결혼에 대한 가치관이

변한 것도 결혼이 줄어든 원인이다. 통계청 사회조사 결과에 따르면 2008년'결

혼을 반드시 해야 한다'라거나 '하는 것이 좋다'고 응답한 사람은 전체의 68%를

차지했지만, 2018년에는 48.1%로 19.9% 포인트 줄었다. 특히 미혼 여성의 경우

22.4%만이 '결혼을 반드시 해야 한다' 또는 '하는 것이 좋다'고 답했다. 김진 과장

은 "주거비 부담이 지속해서 커지는 상황에 독립된 생계를 전제로 하는 결혼 여

건이 점점 어려워지는 상황"이라며 "특히 여성의 경제활동 참가가 계속 늘면서

혼인에 따른 경력 단절에 대한 부담도 커진 게 혼인 감소의 원인"이라고 분석했다.

– 〈중앙일보〉 2020.03.19.

결혼 건수가 해마다 줄어든다는 뉴스는 이제 놀랍지도 않은 사실이 된 지 오래다.

결혼이란 인륜지대사(人倫之大事)이다. 평생의 동반자를 선택하는 것이므로 신중에 또 신중을 기해야 한다. 요즘 이혼율이 워낙에 높으므로 어설프게 만날 거면 결혼 안 하는 것이 맞다는 생각도 든다. 처음 남녀가 만나 연애를 할 때는 상대방의 다름에 끌린다. 그러나 결혼이라는 현실로 들어가면 그 '다름'이 스트레스가 되고 부부 싸움의 주요 원인이 된다. 많은 사람들이 결혼할 상대방의 직업, 능력, 경제력 등을 크게 본다. 그러나 무엇보다 일단 서로의 성격이 맞아야 하고, 가치관이 맞아야 한다고 생각한다.

나는 결혼을 늦게 한 편이다. 공무원이라 경제적으로 안정되었고, 자기 계발하는 게 취미인지라 외로울 시간이 거의 없었다. 무엇보다 주위에 결혼한 사람들을 보면 그다지 부럽지 않았다. 특히 결혼한 직장 선배들이 육아로 동동거리며 시간에 쫓기는 모습을 많이 보았다. 또 시댁 이야기하며 스트레스를 받는다는 말도 많이 들렸다. 그러다 우연히 "35살에 시집 안 가면 가고 싶어도 못 간다."라는 친척분의 말씀을 듣고 화들짝 놀랐다. 그 한마디에 나는 내 마음을 깨닫게 되었다. 나는 내심 '언젠가는 결혼하고 싶다.'라는 생각을 한 것이다. 그날 친척분의 한마디는 뇌리에 꽂혔고, '나는 35살에는 결혼한다.'라는 목표가 자동 설정되었다.

목표 설정 후 나는 내가 원하는 배우자상을 생각해보았다.

1. 나와 성격이 잘 맞을 것
2. 다정하고 가정적인 남자일 것
3. 5급 이상 공무원일 것
4. 미래의 아이에게 훌륭한 아버지가 될 사람일 것
5. 나 이상의 자산이 있을 것

그렇게 정하였다. 그리고 어느덧 35살이 되었다. 그간 소소한 만남이 있었지만 내 짝은 아니었다. 35살 여름 무렵, 나는 몇 년 전 결심한 35살에는 결혼하겠다는 목표가 떠올라서 울적했다. 내 나이 35살 10월 어느 날, 한 남자를 소개받았다. 두 번째 만났을 때 내 남자임을 한눈에 알아봤다. 아주 오래전부터 알고 있던 사람 같은 친밀감. 정말 신기한 경험이었다. 결혼한 친구들이 종종 "결혼할 사람은 알아보게 되어 있다."라는 말이 참 궁금했는데, 내가 그 경험을 한 것이다. 나란 사람은 물건 하나를 사도 요모조모 따지고 비교하느라 시간이 걸리는 사람이다. 그런데 당시 내가 다음 해 3월부터 지방에 파견 연수를 가게 되면서 결국 4개월 만에 결혼하게 되었다. 다음 해 파견 연수 가기 전인 2월과 연수 종료 후 직장에 복귀하는 10월이 결혼하기에는 가장 적당했기 때문이었다. 다음 해 2월 11일로 결혼 날짜를 잡고, 나는 소스라치게 놀랐다. 35살에는 결혼하겠다고 목표를 정했는데 거의 유사하게 맞아떨어진 것이다.

나는 결혼을 하면서 '끌어당김의 법칙'과 인연에 대해서 확신하게 되었다. 남편을 만날 당시에는 잘 몰랐는데, 결혼하고 한참 뒤에 보니 내가 생각했던 배우자상을 모두 충족했다. 물론 우리 부부도 티격태격하며 종종 싸운다. 아들과 나가 놀아주지 않고 집에서만 놀아줘서 과연 좋은 아버지인지 헷갈릴 때도 많다. 그래도 아들이 아빠랑 놀면 까르르 까르르 웃음소리가 끊이질 않는다. 무엇보다 우리는 서로 성격이 상호 보완이 잘 된다. 나는 밖에 싸돌아다니는 것을 좋아하고 음식 만드는 것을 싫어하는데, 남편은 반대이다. 가정적이고 다정다감한 사람이라 일상의 이야기를 늘 끊임없이 한다. 그리고 특히 경제적인 문제에서는 돈을 아낀다는 공통점이 있었다.

결혼을 4개월 만에 급하게 하게 되면서 결혼 준비할 시간이 부족했다.

마침 내가 파견 연수를 가게 되는 곳이 남편이 있는 곳에서 멀지 않아서 남편의 자취방이 신혼집이 되었다. 당시 나와 남편은 각자 17평 아파트에서 오랫동안 자취하던 중이었다. 이미 살림살이는 모두 갖고 있었다. 17평 두 채의 살림이 한 채로 합쳐지니 새로 사기는커녕 있는 살림도 버려야 할 상황이었다. 내가 결혼할 때 사간 살림은 거의 이불 한 채와 수저 한 벌 수준이었다. 결혼 비용도 거의 들지 않아서 돈을 아꼈다. 친정엄마는 시댁분들에게 "얘네는 돈이 붙는 팔자인가 봐요. 결혼하면서 돈이 안 드네요."라고 하셨다.

우리 부부는 결혼 후 늘 돈 이야기를 한다. 얼마를 모았는지, 이번에는 얼마를 세이브 했는지, 가지고 있는 아파트는 얼마나 오르고 있는지 등등. 다만, 나는 투자를 좋아하지만, 남편은 투자보다는 저축을 좋아해서 이 부분의 조율이 아직 필요하긴 하다. 그러나 내가 수익을 본 투자에 관해 이야기하면 남편은 내심 좋아하며 경청한다.

결혼의 중요성은 세계적으로 성공한 인물들도 공통으로 강조하는 인생의 교훈이다. 주식 갑부 워런 버핏은 다큐멘터리 영상에서 "내게는 2번의 전환점이 있었는데 첫째는 세상에 태어난 것이고, 둘째는 아내 수지를 만난 것"이라고 말했다. 수지는 2004년에 세상을 떠난 버핏의 부인이다. 버핏은 마이크로소프트(MS)의 빌 게이츠와의 대담에서도 "우리는 닮고 싶은 사람과 가까이하기를 원하는데 이런 점에서 가장 중요한 사람은 배우자"라며 "이 중요성은 아무리 강조해도 지나치지 않는다."고 밝혔다. 빌 게이츠의 부인 멜린다도 "인생의 파트너를 고른다면, 누구를 고르는지가 아마도 당신 인생의 가장 중요한 결정일 것이라며 이 결정은 당신의 직업이 뭔지, 어느 고등학교를 거쳐 어느 대학을 나왔는지 보다 훨씬 더 중요하다."라고 강조했다.

결혼을 잘못하면 남자와 여자 모두 큰 피해를 본다. 배우자로 인한 스트레스는 그 파급 효과가 엄청나다. 부부가 함께 목표를 정하고 일을 도모하기는커녕, 직장에서 일의 능률조차 오를 수가 없다. 그러나 서로 잘 맞는 결혼을 한다면 그 시너지 효과는 그 어느 것에도 비할 바가 못 된다. "백지장도 맞들면 낫다."라는 말이 있다. 부부 사이에 돈 이야기를 자주 하며 공유하라. 서로의 꿈을 지지해주고, 그 꿈을 향해 함께 나아가며 성취하라. 행복과 함께 자산도 빠르게 불어날 것이다.

100% 부자가 된다고 믿어라,
믿는 대로 된다

옛날 동방에 아름다운 반지를 가지고 있는 사람이 살고 있었다. 그 반지는 빛이 영롱하고 기가 막히게 아름다웠다. 그 반지는 아름다울 뿐만 아니라 신비한 힘을 가지고 있었다.

그 신비한 힘이란 반지의 소유자가 신과 많은 사람으로부터 사랑을 받도록 해준다는 것이었다. 단, 이 힘은 소유자가 믿음과 신뢰를 바탕으로 해서 반지를 끼었을 때만 나타날 수 있었다. 그리고 이 반지는 대대로 아들 중에서 가장 훌륭하고 착한 아들에게 전달되어야 했다.

그런데 이 반지의 주인에게는 세 아들이 있었다. 세 아들은 모두 마음씨도 행동도 훌륭해서 누구에게 반지를 물려줄 것인지 결정하기가 쉽지 않았다. 주인은 세 아들 중에서 누구에게 이 반지를 물려줄까를 고민하다가 세 아들에게 모두 "너에게 주겠다." 하고 약속하고 말았다.

죽을 때가 가까워져 온 주인은 고민하다가 두 개의 복제 반지를 만들기로 하였다. 장인에게 특별히 부탁하여 만들어 온 두 개의 반지가 진짜 반지와 너무나 똑같아서 주인도 구별할 수가 없었다. 결국, 주인은 세 아들에게 각기 반지 하나씩 주고 세상을 뜨게 되었다.

세 아들은 서로 자기 반지가 진짜라고, 또 아버지가 자기에게 생전에 약속했었다고 주장했다. 모두 사실이었다. 그러나 세 개의 반지 중에 어느 것이 진짜인지는 아무도 모르게 되었다. 형제는 서로 다투다가 재판관에게 가지고 갔다.

현명한 재판관은 다음과 같이 판결을 내렸다.

"이제 다투는 것을 그만 멈추어라! 내가 듣기로는 진짜 반지는 반지의 소유자에게 신과 인간에게 똑같이 사랑받고 호감을 받도록 하는 놀라운 능력을 지닌 것으로 알고 있다. 그렇다면 반지 속에 있는 그러한 힘이 저절로 진위를 가려줄 것이다. 왜냐하면, 가짜 반지는 그런 놀라운 힘이 없을 것이기 때문이다. 따라서 너희들 각자는 끼고 있는 반지의 신비한 힘을 입증하기 위해서 신과 사람들로부터 사랑받는 사람이 되고자 노력해야 할 것이다. 부드럽고 따뜻한 애정을 가진 반지의 힘 덕분에 그 반지의 가치는 너희들의 자손들 대에서 저절로 밝혀질 것이다."

레싱의 유명한 희곡 『현자 나단』의 이야기이다.

반지의 신비한 힘이란 소유자가 믿음과 신뢰를 바탕으로 해서 반지를 끼었을 때만 나타날 수 있다고 했다. 즉 사람은 믿는 대로 되게 마련이라는 말이다. 나의 인생은 내 생각대로 되는 것이다. 나의 믿음에 따라 부유하고 은혜 가득한 인생을 살 수도 있고, 가난하고 힘든 인생을 살 수도 있다. 반드시 당신이 마음먹은 그대로의 형태로 당신에게 되돌아올 것이다. 인간은 신념의 산물이다. 사람은 자신이 믿는 것 이상의 존재가 되거나, 가질 수 있다고 생각하는 것 이상을 손에 넣을 수 없다.

"어떤 것을 강하게 확신하면 실제로 그렇게 만들 수 있나요?"

그러자 예언자는 이렇게 대답했다. "모든 시인은 그렇다고 믿고 있죠. 상상력의 시대에서 이러한 강한 믿음은 산을 옮겼습니다. 하지만 많은 사람들은 어떤 것도 확신하지 못하지요."

— 윌리엄 블레이크, 『천국과 지옥의 결혼』

형이상학자 네빌 고다드는 『상상의 힘』에서 이렇게 말했다.

"우리는 우리가 현재 인식한 우리의 모습을 끌어당긴다. 인생을 사는 방법은 원하는 대상을 쫓아가는 것이 아니라 소망이 이루어졌다는 느낌을 간직한 채 그것이 우리에게 오도록 하는 것이다. 쫓아가지 않으면 그것이 도망간다고 생각해서는 안 된다."

"여러분이 바라는 모든 것은 이미 존재하며 여러분의 믿음과 일치되기를 기다리고 있다. 믿음과 일치되는 것이 여러분이 소망하는 모든 것에 생명을 부여해 외부의 실체로 만들 수 있는 유일한 조건이다. 믿음과 상태가 일치할 때 찾는 것이 보일 것이고, 두드리는 것이 열릴 것이고, 구하는 것을 받을 것이다."

현재 우리가 무엇을 생각할 때 그것을 강하게 끌어당긴다는 말이다. 믿는다는 것은 신이 주신 가장 강력한 마법이고 창조의 원리이다.

간절히 바라는 소망과 행복을 노트나 수첩에 글로 써보자.

"나는 행복한 사람이다."
"온 우주가 나를 돕고 있다."

"내겐 무한한 잠재력이 있다."

"나는 매일 조금씩 성장하고 있다."

소망이 이루어지는 그날까지 매일 보고 생생하게 상상하고 이미 이루어진 느낌으로 살자. 간절함의 크기만큼 실제 소망이 이루어지는 속도가 달라진다.

오리슨 S. 마든은 『부의 비밀』에서 다음과 같이 말했다.

"가난을 이야기하고, 가난을 생각하고, 가난을 예상하고, 가난에 대비하면 정말로 가난해진다. 가난을 준비하는 것이 가난의 조건을 충족시키고 마는 것이다. 사람들은 끝없이 예상하면서 예상한 상태를 초래한다. 가난을 생각하고, 자신을 의심하고, 절망적 사고 회로에 빠지게 되면 아무리 노력해도 스스로 만들어 낸 사고의 흐름에서 벗어날 수 없게 된다."

가난은 습관이자 질병이다. 가난은 가난한 사고가 만든다. 가난은 스스로 가난하다고 생각하는 데서부터 시작된다. 가난을 끌어당기는 것이다.

반면 부자는 부자의 사고를 한다. 내가 이미 부자가 되었고, 그 느낌을 사실로 받아들일 때 부자의 싹이 튼다. 부자의 느낌, 부자의 분위기가 미래의 부를 끌어당긴다.

영화배우 짐 캐리는 영화배우가 되기 위해 캐나다에서 무작정 미국으로 왔다. 하지만 가난한 탓에 한동안 집 없이 거리에서 노숙하거나 자동차에서 잠을 청해야 했다. 하루 한 개의 햄버거를 먹고 빌딩 화장실에서 세수하며 버텼다. 그러나 그는 어떤 시련과 역경에도 굴하지 않고 '꿈'과 '성공'이라는 단어만 생각하고 믿었다.

1990년 어느 날, 그는 차를 몰고 도시가 한눈에 내려다보이는 할리우드에서 가장 높은 언덕으로 올라갔다. 그리고는 도시를 바라보다가 햄버거를 싼 종이에다 스스로에게 5년 뒤 1995년 추수감사절에 천만 달러를 지급하겠다는 서명을 했다.

그 후 그는 매일 그 종이를 몸에 지니고 다녔다. 그리고 습관처럼 그 수표를 꺼내어 들여다보면서 머지않아 자신이 스타가 되어 이 금액의 수표를 받는 상상을 했다. 마침내 1995년, 그는 영화 〈덤 앤 더머〉의 출연료로 7백만 달러를 받았다. 그해 연말에는 〈배트맨〉의 출연료로 천만 달러를 받아 5년 전의 목표가 현실이 되었다. 그뿐만 아니라 할리우드의 '최고의 스타', '흥행 보증수표'가 되었다.

양자물리학이 밝혔듯이 '생각은 곧 에너지'다. 우리의 생각은 자신과 우주를 구성하는 기본 물질인 양자들을 변화시키는 동력이다. 우주를 가득 메운 양자들은 우리의 생각 에너지에 바로 반응한다. 우리가 허공을 잠시 바라보는 것만으로도 양자들은 빠르게 변한다.

물론 그런 변화를 우리 눈으로 직접 볼 수는 없다. 부자가 되고 싶다면 내면을 부의 사고방식으로 가득 채우자. 그리고 이미 이루어졌음을 의심하지 말고 100% 믿는 이상주의자가 되자.

7

5년 후,
부자의 모습을 그려보자

〈무한도전 서해안고속도로 가요제〉에서 유재석이 부른 '말하는 대로'라는 노래가 있다.

말하는 대로

나 스무 살 적에 하루를 견디고 불안한 잠자리에 누울 때면
내일 뭐 하지 내일 뭐 하지 걱정을 했지
(중략)
그러던 어느 날 내 맘에 찾아온 작지만 놀라운 깨달음이
내일 뭘 할지 내일 뭘 할지 꿈꾸게 했지
(중략)

마음먹은 대로 생각한 대로 말하는 대로 될 수 있단 걸

알지 못했지 그땐 몰랐지

이젠 올 수도 없고 갈 수도 없는 힘들었던 나의 시절 나의 20대

멈추지 말고 쓰러지지 말고 앞만 보고 달려 너의 길을 가

주변에서 하는 수많은 이야기 그러나 정말 들어야 하는 건

내 마음속 작은 이야기

지금 바로 내 마음속에서 말하는 대로

말하는 대로 말하는 대로 될 수 있다고 될 수 있다고 그대 믿는다면

가만히 노래를 듣다가 나도 모르게 눈물이 흘렀다. 지금은 '유느님'이라 칭송받는 국민 MC 유재석. 긴 무명시절을 겪으며 그가 겪었을 시련과 역경이 느껴졌다. 그리고 그의 깨달음에 적극적으로 공감했고, 내 마음에 꽂혔다.

"희망은 말하는 대로 이루어진다."

마이크로소프트 회장 빌 게이츠의 말이다. 그는 간절한 꿈이 있으면 혼자서 생각만 하지 말고 종이에 적고 소리 내어 말하라고 한다. 그렇게 할 때 그 꿈을 세상에 선포하게 된다는 것이다. 빌 게이츠는 아침에 일어나면 다음의 두 가지 말을 수십 번 반복했다.

"나는 할 수 있다."

"오늘은 왠지 나에게 좋은 일이 있을 것 같아."

이런 주문이 잠재의식에 각인되면 정말 불가능해 보이는 일도 척척 해내는 놀라운 위력을 발휘한다는 것이다.

심리학 용어 중에 '피그말리온 효과(Pygmalion effect)'라는 것이 있다. 조각가 피그말리온은 아름다운 여인상을 조각하고, 여인상을 갈라테이아(Galatea)라 이름 지었다. 세상의 어떤 살아 있는 여자보다도 더 아름다웠던 갈라테이아를 피그말리온은 진심으로 사랑하게 된다. 여신 아프로디테는 피그말리온의 사랑에 감동하여 갈라테이아에게 생명을 불어넣어 주었다. 피그말리온 효과(Pygmalion)는 조각가 피그말리온이 혼이 없는 조각상에 생명을 불러일으켰듯이, 우리가 무언가를 간절히 기대하면 그 기대는 반드시 현실로 이루어진다는 뜻이다.

'피그말리온 효과(Pygmalion)'와 유사한 '끌어당김의 법칙'을 아는가? 나는 이 법칙으로 내 인생에서 중요한 순간마다 성공한 경험이 있다. 내 나이 어느덧 40대 중반. 친구들은 하나둘 육아와 직장을 병행하다가 너무 고되어 직장을 포기하고, 전업주부가 되었다. 그중에 학창 시절 총명했던 머리 좋은 친구가 있다. 퇴사 후 아이들을 건사하며 책도 많이 보고, 좋다는 강의는 다 쫓아다니는 열정적인 주부가 되었다.

어느 날 친구들을 만나서 수다를 떨었다.

"○○아~ 나 너 참 부러워했어. 너 머리 좋아서 금방금방 다 외워버리더라."

"다 옛말이야. 이제 나 바보 됐다."

친구는 잠시 주부 우울증이었다. '네가 바보라니?' 그 말이 내 가슴에 아프게 다가왔다.

"우리 인생 아직 다 끝나지 않았어. 나는 이제부터 시작이야."

나는 친구에게 내가 경험한 끌어당김의 법칙을 말하고, 『2억 빚을 진 내가 뒤늦게 알게 된 소~오름 돋는 우주의 법칙』 책을 소개했다.

〈한책협〉 책 쓰기 과정 수강 중에 '(지금 당장 할 수 있는 것부터) 버킷 리스트 목록 50가지 적기' 과제가 있었다. 이 과제를 보고 오랜만에 내 가슴이 설레었다. 그런데 20개 정도 적으면서부터 막히기 시작했다. '내 가 이렇게 내 인생에 소원하는 게 없었나?' 나 자신이 참 한심했다. 그동 안 나는 육아와 직장, 집안일에 치여 살며 하루살이가 된 것이다. 그런데 버킷리스트를 적으며 다시 꿈꾸는 10대 소녀가 된 기분이었다. 버킷리스트 적기 과제를 마치자마자 나는 당장 보물 지도를 만들었다.

- 2년 안에 경제적 자유인이 된다.
- 2년 안에 반포 자이 아파트에 들어가서 산다.
- 나는 세상에 선한 영향력을 끼치며 경제적 자유인이 된다 등등.

밥 먹을 때도 보물 지도를 반찬 삼아 밥 먹는 나를 보고, 초등학교 2학년이 된 아들이 한마디 했다.

"엄마. 이거 다 거짓말이잖아~ 저리 치워. 식탁 좁아."

장난꾸러기 남편도 한마디 한다.

"윤 작가! 너 요새 미친 거 같다~ 정신 차려."

나는 '그래. 난 미쳤다. 놀려라. 이 중생들아~ 내 안에 이미 내 인생의 설계는 끝났다. 이미 이루었다. 이루게 해주셔서 하나님 감사합니다.' 하며 열심히 기도한다.

I AM THAT! 신이 인간에게만 준 두 가지 선물이 있다. 신은 그 선물을 다른 유한한 창조물에겐 허락하지 않았다. 말과 마음이다. 말과 마음이란 선물은 불멸의 선물이다. 만약 인간이 이 두 가지 선물을 올바르게 쓴다면 불멸의 존재와 다를 바 없을 것이다……. 그리고 육체를 포기할 때 말과 마음이 그의 안내자가 될 것이다. 말과 마음을 통해 인간은 신과 축복받은 영혼의 무리에 합류할 수 있다.

— 월터 스캇(Walter Scott)의 번역본 〈헤르메스 문서(Hemetica)〉

사람은 생각대로 살지 않으면 사는 대로 생각하게 마련이다. 부자가 되고 싶은가? 오늘 당장 5년 후의 부자의 모습을 그려보자. 종이에 적고 매일 소리 내어 말해보자. 그리고 이왕이면 그 사진을 휴대폰에 저장해서 수시로 들여다보자. 내가 간절히 바라는 만큼, 확신의 크기만큼 어느 순간 나의 상상은 현실로 나타날 것이다. 보통 사람들이 진짜라고 생각하는, 눈앞에 보이는 모든 것은 다 변하기 마련인 허상이다. 나의 꿈만이 변치 않는 유일한 진리이다. 내 인생의 주인은 바로 나이다.

8

큰 부자로 살고 싶다면
'투자'하라

마다가스카르섬에서 동쪽으로 800km 떨어진 바다 위의 모리셔스섬에 도도새가 서식했다. 이 섬은 육지에서 아주 멀리 떨어진 고독한 섬이라 포유류 같은 천적이 없었다. 그 결과 점점 날개는 퇴화해서 작아졌고 몸은 통통하게 살쪄서 날지 못하게 되었다. 낯선 사람들을 봐도 큰 경계심이 없었기 때문에 대항해 시대에 이 섬을 발견한 유럽인들에게 빠르게 먹이로 전락하는 신세가 되고 말았다. 선원들과 함께 섬에 온 개, 돼지 등의 동물들은 빠르게 남은 도도새의 알마저 먹어치우면서 더는 도도새를 지구에서 볼 수 없게 되었다. '도도'라는 이름은 포르투갈어로 '바보', '느림보'를 뜻한다. 천적도 없이 행복에 젖어서 평온하게 살던 도도새. 그결과 주어진 환경에 안주하면 모든 것을 잃게 된다는 '도도새의 법칙'이 생겼다.

스물세 살 때 평범한 직장 생활을 하던 나에게 자극을 준 운명 같은 문구가 있다.

"당신은 당신이 생각하는 대로 살아야 한다. 그렇지 않으면 당신은 머지않아 사는 대로 생각하게 된다."

사는 대로 생각한다고? 정말 이 말은 가히 나에게 있어 충격 그 자체였다. 스스로를 돌아보니 현실에 안주한 채 그저 월급만 기다리고 있는 나 자신을 발견했기 때문이다. 만족하지는 않지만 괜찮다고 그냥 괜찮다고 치부되는 '나름대로' 만족한다는 것이 나의 철학이었던 것이다.

나는 고등학교를 졸업한 뒤로 해운회사에 취업했다. 고등학교 때 아버지가 돌아가신 후로 걷잡을 수 없이 나빠진 가정 형편 때문이었다. 나는 10대 시절 오직 돈에 대한 구속에서 벗어나는 게 꿈이자 목표였다. 그래서일까. 해운회사에 취업한 뒤 회사 생활이 너무나 만족스러웠다. 긍정적으로 생활하기 위해서 애썼던 나였기 때문에 회사 생활, 여가 생활, 취미 생활 무엇이든 스스로 번 돈으로 생활할 수 있다는 게 신기하기만 했다. 월급 일부를 떼서 적금도 꼬박꼬박 넣고 미래를 생각하며 '언젠가는 다 잘될 거야.'라는 모호한 생각으로 현실에 안주, 만족하면서 지냈다. 그러던 중에 우연히 읽은 책에서 나의 뒤통수를 둔기로 때리는 듯한 충격을 준 문구를 보게 된 것이다.

당시 내가 생각하는 인생이 도대체 무엇인지, 나는 어떤 자세로 살아야 하는지에 대한 답을 찾지 못했지만 한 가지 분명한 것은 지금 내가 사는 모습이 내가 원하는 것이 아니라는 것이다. 그저 지독한 가난 속에서 벗어나 그나마 월급이라는 미끼에 현혹되어 있었던 것이다. 아직 성숙하지 못한 나에게 있어 "생각하는 대로 살지 않으면 사는 대로 생각한다." 라는 진리는 나의 인생의 지축을 뒤흔든 충격이었다. 그 뒤 나는 틈틈이 미래에 대해 생각해보고 또 생각했다. 그러다 꿈 없이 사는 것이 문제라는 것을 알았다. 문제를 찾은 이상 이제부터라도 고쳐먹기로 마음먹었다.

그러던 중 우연히 인터넷을 하다가 워킹홀리데이 프로그램을 보게 되었다. 당시 나는 외국에서 현지인들과 생활하며 영어를 배우고 싶은 열망이 있었다. 그래서 나는 '언젠가' 해보고 싶었던 유학 생활을 '당장' 하기로 마음먹었다. 고민할 것도 없었다. 답은 아주 간단했기 때문이다.

"생각대로 하고 싶은 거 하면 되는 거잖아. 나도 이제 성인인데, 후회 없는 인생을 위해 나도 도전해보는 거야. 그까짓 거 회사 그만두고 떠나면 되잖아!"

물론 당시 내가 영어를 잘했던 것은 아니었다. 당시 나는 '3인칭 단수' 도 모르는 중학교 영어 수준도 안 되었다. 하지만 그것은 아무 문제가 되지 않았다. 무식하면 용감하다고 만약에 내가 영어를 어중간하게 했더라면 오히려 부족한 영어 실력이 내 발목을 잡았을지도 모른다. 때로 '호주에 아는 사람 하나 없는데, 영어도 못 하는데 잘 해낼 수 있을까.'라는 두려움과 불안이 엄습했다. 그때마다 나는 나 자신에게 이렇게 동기를 부여했다.

"영어를 모르기 때문에 제대로 배우기 위해 호주로 가는 것이다. 아는 사람이 왜 생고생해가며 외국을 갈까?"

나는 과거와 비슷한 오늘을 사는 사람이 되기 싫었다. 비록 가진 것 없고 내세울 것 없는 스펙이지만 가슴 뛰는 꿈 하나에 내 모든 것을 걸었다. 생각하는 대로 내일을, 미래를, 인생을 창조하고 싶었기 때문이다.

워킹홀리데이에 가서 나는 바로 영어를 금세 잘하게 되었을까? 호주에서 생활하던 시절 나는 생존하기 위해 돈을 벌었고 너무나 절박하기에 미친듯이 영어 공부에 몰입했다. 내가 했던 라벨링 작업은 육체적으로 무척 힘든 일이었다. 8시간을 서서 근무하며, 먼지 나는 창고에서 병이 있는 박스에 옮겨야 하고, 라벨링 후 다시 박스에 담고 옮기는 상당한 노동이 필요한 작업이었다. 그래서 보통 사람들은 1주일 정도 일하고 첫 주급을 받고 그만두는 것이 현실이다. 하지만 영어를 악착같이 배워야 했던 나에게 함께 일하는 사람들이 모두 외국인이라는 환경과 단순노동이었으므로 오히려 최적의 환경이었다. 절박함이 없이는 끝까지 하는 힘이 생기지 않는다. 그 결과 나는 지금 영어를 원어민 수준으로 편안히 하게 되었다.

나는 스물여섯 살이 되던 해에 남들보다 뒤늦게 확고한 꿈을 설정했다. 그때 가졌던 꿈은 꿈과 희망을 나누어주는 오프라 윈프리 같은 '동기부여가'가 되는 것이었다. 나도 했다면 당신들도 할 수 있다는 믿음을 토대로 다양한 경험을 하고, 롤 모델이 되어 지식을 다양한 방법으로 나누어주고 싶었다. 꼬박 5년 동안 동기부여가가 되기 위해 성공자의 책을 읽고, 카페도 운영하며 다양한 모임도 주최했다. 그리고 『당신은 드림워커입니까』를 집필했다. 어느 분야건 어느 정도 위치에 오른 사람들에게는 저마다 피눈물 나는 시절이 있게 마련이다. 세상에 공짜는 없기 때문이다. 그러나 대중들은 그것을 잘 알지 못하기 때문에 그 사람들이 쉽게 꿈을 이루었다고 생각한다.

나에게는 '베스트셀러 작가, 성공학 동기부여가, TV 출연하기, 사인회를 열기'라는 꿈이 있었다. 남들이 내 꿈이 실현 불가능하다고 말하면 나는 마음속으로 수십 번 가능하다고 외쳤다. 그렇게 꿈을 향한 신념을 강화했고, 마침내 당시 가졌던 꿈을 모두 이루었고, 현재 배우자와 함께 120억 자산가가 되었다.

　예로부터 투자하여 돈도 벌고, 권력을 획득한 사례가 많다. 대표적인 인물이 춘추전국시대의 거상(巨商) 여불위(呂不韋)이다.

　전국시대 한나라의 큰 장사꾼이었던 여불위가 조나라에 인질로 보내져 어렵게 지내고 있는 진나라 왕손 자초(子楚)를 발견하고는 기화가거(奇貨可居)라고 소리치면서 투자를 결심하게 된다. 당시 자초는 볼모의 신분으로 조나라에 와서 제대로 된 대접을 받지 못해 초라한 행색을 하고 있었다. 하지만 여불위는 자초가 투자할 만한 인재라고 생각해 전 재산을 털어 지원한다. 여불위는 먼저 진나라 태자비의 언니에게 돈을 주어 길을 열고, 다음에 태자비에게 거금을 바쳐 환심을 샀다. 태자비가 자식이 없는 점에 착안하여 자초를 태자비의 양자로 만드는 공작을 벌인다. 태자비는 여기에 설득되어 여불위가 꾸미는 계책에 따라 자초를 자신의 양자로 삼게 되고, 단번에 자초는 왕세손의 지위를 얻어 미래가 열리게 된 것이다. 이후 태자가 왕이 되고, 자초는 태자가 되는데 왕이 일년 만에 죽는 바람에 자초가 왕위를 계승하게 된다. 여불위는 승상으로 발탁되어 막강한 권력을 얻는다. 기화가거라는 말은 '진귀한 물건은 사둘 만한 가치가 있다.'라는 뜻으로 아주 좋은 투자 대상을 가리키는 상징적인 고사성어로까지 자리 잡게 된다.

　30대가 된 지금에서야 어떤 자세로 인생을 살아야 하는지 비로소 깨달 았다. 가난하고 힘들수록, 나의 과거와 현재가 아닌 미래에 가치를 둔 꿈 을 가져야 한다는 것이다. 미래에 가치를 둔 꿈일수록 당신의 희망과 가 능성은 활짝 열리게 된다. 현재에 초점을 맞추어선 안 된다. 현재에 초점 을 맞추면 남이 보는 만큼만 내가 보인다. 그래서 힘들다. 이제는 스스로 가 자신의 미래를 그리고 어떤 어려움이 있더라도 그 꿈을 놓지 말아야 한다. 당신은 지금 저평가된 우량주다. 실제로 당신의 가치는 상당히 높 다. 크게 보고 멀리 봐야 한다. 큰 부자가 되고 싶다면 미래에 가치를 두 고 과감히 꿈에 투자하라.

빈자의 사고에서
부자의 사고로 전환하자

만일 당신의 몸에 병이 생긴다면 어떻게 할 것인가? 치료를 받기 위해 알아보고, 병원에 가고, 좋다는 음식을 먹는 등 낫기 위해 백방으로 노력할 것이다. 건강을 회복하고자 노력하는 것은 원래 건강한 상태가 정상이라는 것을 알기 때문이다.

생명의 원리는 원래 건강하고 풍요로운 생활을 지향한다. 돈이 부족하다는 것은 내 삶의 혈액순환이 잘 안 된다는 것이다. 따라서 가난은 본래의 욕구에 어긋나는 것이다.

당신은 원치 않는 힘든 일을 하며, 직장 상사에게 혼나고, 매달 내야 할 각종 관리비, 세금, 대출금 등에 시달리기 위해 이 세상에 태어난 것이 아니다.

우리는 스스로 생각하는 것보다 100배는 큰 사람이다. 누구나 행복해야 하고, 성공할 권리와 의무가 있다. 과거의 많은 종교나 철학은 가난을 미덕처럼 말해왔다. 그러나 생명의 원리는 원래 풍요로움을 지향한다는 것을 잊지 말아야 한다. 가난의 미덕이란 없다. 그것은 다른 많은 마음의 병처럼 일종의 질병일 뿐이다. 가난한 현실보다는 가난한 생각, 즉 자신은 가난하고, 앞으로 가난할 것이라는 '이번 생은 망했다' 등의 생각이야말로 인생을 좀 먹는 독이다. 가난한 사고를 계속 가지고 있는 한 가난으로 향하게 된다. 아무리 노력하더라도 가난한 사고방식을 품고 있으면 가난하게 살기 마련이다.

"콩 심은 데 콩 나고 팥 심은 데 팥 난다." 가난의 씨앗을 마음에 뿌리면 가난만 주렁주렁 열릴 뿐, 성공과 부의 열매를 맺을 수 없다.

얼마 전 보리차를 끓였다. 가스레인지의 다른 쿡탑에 추가로 국을 끓이려다가 보리차 주전자를 손으로 치게 되었다. 나도 모르게 뜨겁다는 생각에 손을 황급히 떼었다. 순간 얼마나 뜨거울지 기다리며 내 느낌을 살펴보았다. 그런데 뜨겁다는 느낌보다 시원하다는 느낌이 서서히 찾아왔다. 알고 보니 나는 보리차를 끓여야겠다고 생각만 했지, 가스 불을 켜지 않고 잊어버리고 있었던 것이다. 실상 보리차 주전자는 차가웠는데 나는 뜨거울 것이라는 생각이 이미 머릿속에 있었다. 그러니 나도 모르게 손을 황급히 떼며 아픔을 기다렸다. 나는 이 별것 아닌 경험으로 사람의 생각이 행동에 미치는 영향을 다시 한 번 깨닫게 되었다.

1997년 87세를 일기로 세상을 떠난 테레사 수녀님은 '빈자의 성녀'로 교황청에 의해 공식적으로 성인(聖人) 인정을 받았다. 수녀님은 "생각을 조심하세요, 언젠가 말이 되니까요. 말을 조심하세요, 언젠가 행동이 되니까요. 행동을 조심하세요, 언젠가 습관이 되니까요. 습관을 조심하세요, 언젠가 성격이 되니까요. 성격을 조심하세요, 언젠가 운명이 되니까요."라며 생각의 중요성을 강조하셨다.

『부의 비밀』의 저자 오리슨 S. 마든은 "가난을 이야기하고, 가난을 생각하고, 가난을 예상하고, 가난에 대비하면 정말로 가난해진다."라고 말했다.

사람들은 끝없이 예상하면서 예상한 상태를 초래한다. 가난을 생각하고 자신을 의심하고, 부정적인 사고의 회로에 빠지게 되면 자신의 사고의 흐름에서 빠져나올 수 없다. 반면, 부자들은 부나 성공에 집중하고, 말하고 받아들인다.

사람은 자신이 상상한 데까지만 실현할 수 있다. 지금 내 주위를 둘러보자. 내가 해낸 일들을 돌이켜 생각해보자. 모두 자신이 원했고, 상상해왔던 것임을 알 수 있다. 원하는 대로 되기를 바란다면 먼저 무언가를 원해야 한다. 구체적으로 원하는 것을 정하자. 그것을 비전 보드에 붙이고, 휴대폰 갤러리에 이미지를 저장하고 매일 들여다보자. 성공한 자기의 모습을 머릿속에 계속해서 그리면 점점 그런 모습에 가까운 행동과 말을 하게 된다. 가난한 마음이 비집고 들어설 틈이 없다.

인류는 자원 개발의 필요성을 주장하고 있지만, 그것보다도 인간의 잠재의식에 대한 개발이 더 중요하다. 가난에서 벗어나는 길은 단 한 가지, 가난을 등지는 것이다. 가능한 부자의 행동 습관을 따라 하자. 성공을 원한다면 성공에 대한 마음을 가득 채워야 한다.

부를 끌어당기기 위해서는 단순히 부에 대해 생각만 하는 것이 아니라 가난과 결별할 각오가 필요하다. 부자처럼 꾸미고, 부자처럼 행동하고 부를 생각하자. 아무리 열심히 살아도 돈이 들어오지 않는다는 사람들은 이 책을 읽으면, 부자의 사고를 알게 될 것이다. 우리는 풍요와 부를 누리기 위해 이 땅에 태어났음을 잠재의식 속에 각인시키자. 그리고 내가 원하는 모습을 향해 노력한다면 큰 부자의 길로 나아갈 것이다.

윤정완 작가는 〈월부자재테크연구소〉 네이버 카페에서 재테크 습관과 월급쟁이가 부자가 되기 위한 길에 대한 상담과 교육을 진행하고 있고, 〈윤정완 TV〉에 관련 내용을 업로드 중이다. 또 무려 120억 부자인 권마담은 〈한국석세스라이프스쿨〉 네이버 카페에서 성공하는 삶에 대한 상담과 교육을 진행하고, 〈권마담 TV〉로 많은 이들에게 꿈과 희망을 전파 중이다.

  사람은 얼굴을 돌린 곳을 향해 나아가게 마련이다. 해만을 바라보는 해바라기처럼 나의 성공과 나의 행복을 향해 얼굴을 돌리고 굳은 믿음으로 웃으며 나아가자.